겨울어 사전

겨울어 사전

아침달

겨울어 사전

1판 1쇄 펴냄 2025년 11월 25일
1판 4쇄 펴냄 2025년 12월 24일

지은이 아침달 편집부
펴낸이 손문경
편집 서윤후, 정채영, 이기리
디자인 김정현, 정유경, 한유미

펴낸곳 아침달
출판등록 제2013-000289호
주소 04029 서울시 마포구 양화로7길 83, 5층
전화 02-3446-5238
전자우편 achimdalbooks@gmail.com

ⓒ 아침달, 2025
ISBN 979-11-94324-88-1 02810

이 도서의 판권은 지은이와 출판사 아침달에게 있습니다.
양측의 서면 동의 없이 책 내용의 전부 혹은 일부의 재사용을 금합니다.

* 책값은 뒤표지에 있습니다.

"기나긴 겨울을 다녀간 존재들에게"
우리의 온기를 닮은 148개의 겨울 단어

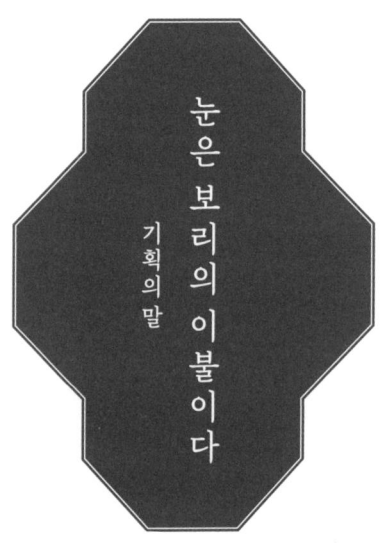

눈은 보리의 이불이다

기획의 말

 겨울은 아주 오랫동안 문학 작품에서 인물이 겪고 있는 어려운 상황이나 고난, 슬픔을 빗대는 일로 상징되어왔다. 겨울이 지닌 추위나 혹독함의 전경 속에서 그려진 이야기는 우리에게 무엇을 남겼을까. 겨울이 지나면 반드시 봄이 찾아온다는, 그렇기에 견뎌야만 하는 약속의 시간으로 다가왔던 겨울의 또 다른 얼굴을 만나기 위해, 겨울과 함께 빚은 단어들을 모아 『겨울어 사전』을 펴내게 되었다.

 지난여름, 『여름어 사전』을 통해 많은 독자들을 만날 수 있었다. 책에 담긴 단어들로부터 자신이 살아온 여름을 있는 힘껏 사유하고, 그리하여 한 계절이 우리 삶 안으로 깊숙이 찾아왔다 떠나는 손님이라는 것을 느끼는 시간이었다. 여름을 함께 맞이하고 함께 배웅하는 갈피 속에서 기억 저편에 머무르고 있던 단어가, 또 누군가의 새로운 기억으로 호출된 단어로부터 마음을 열고 다가오는 경험까지 해보았다면 큰 기쁨일 것이다. 어쩌면 모든 계절에는 그런 단어들이 숨 쉬고 있을지도 모른다. 삶이 계절을 만나는 동안에 펼쳐질 수 있는 일이 아닐까 생각했기에, 뒤이어『겨울어 사전』을 편찬하는 일은 무척 자연스러웠다.

'눈은 보리의 이불이다'라는 속담을 오랫동안 좋아하고 있다. 마음속 깊은 곳에 품어둔 문장이기도 하다. 힘들거나 지친 타인에게 해줄 수 있는 모범 답안 같은 위로가 아니라, 꽉 막혀 있던 생각에 창문을 열어 잠깐 환기할 수 있는 말이라고 생각해 외우고 다녔던 속담이다. 그러나 정작 이 말을 스스로에게 먼저 해주던 날이 있었고, 그 이후로 겨울을 지나며 느끼던 위축된 마음이나 두려움을 조금은 지울 수 있게 되었다. 덕분에 희고 창백한 겨울 풍경 속에서도 다채로움을 찾으려는 부지런한 사람이 되어가고 있었다. 찾아온 추위도 기꺼이 덮어쓸 수도 있는 지혜를 구하고 있었다.

겨울 동안 내린 흰 눈이 휴지기에 들어간 보리밭을

소복이 덮어주었을 때, 다가올 봄의 가뭄을 이겨낼 양분이 되어주고 머지않아 풍년을 이룬다는 희망적인 뜻의 속담이다. 이처럼 우리가 겨울을 떠올렸을 때 찾아온 148개의 단어들이, 보리새싹처럼 등 푸르게 자라날 우리 마음에 필요한 이불이 되어준다는 상상을 해보게 된다. 막상 지금은 춥고 어둡지만, 눈송이처럼 내려앉은 단어들로부터 언젠가 포근한 이불이 되어 펼쳐지는 일을 『겨울어 사전』을 만드는 동안 먼저 경험할 수 있었다. 여기에 등재된 단어들은 시간의 유속에 의해, 각각 개인의 체험에 의해 서서히 잊힐지도 모르겠다. 그러나 이 단어들이 어딘가 우리 마음 깊숙한 곳에 내려앉아 있다가 목마른 시간에 목을 축이게 하고, 단단한 땅으로 굳게 만들어 디딜 곳이 되어주리라는 생각에는 변함이 없다. 기억력을 간직한 단어는, 오랫동안 우리가 지나온 시간을 발음하고 있기 때문이다.

겨울에는 온갖 두드림이 들려온다. 닫혀 있던 것이 많기 때문일까? 장난감 가게 쇼윈도에는 마음의 빗장을 열기 위해 산타 옷을 입은 귀여운 테디베어가 작은 북을 두드리는 소리. 굳게 닫힌 문을 두드리며 건넬 편지를 고르는 집배원의 노크 소리. 얼음낚시를 하기 위해 꽁꽁 언 호숫가에 곡괭이를 내리치는 소리. 따뜻한 온돌방 위에 작게 웅크리고 자는 천사 같은 아이의 엉덩이를 정박으로 토닥이는 손. 눌어붙지 않게 붕어빵 기계를 연신 두드리는 집게를 쥔 손. 보닛에 고양이가 추위를 피해 숨었을까 봐 시동을 걸기 전 자동차를 두드리는 소리. 처마에 맺힌 고드름을 털어내기 위해 빗자루를 들고 지붕을 힘차게 두드리는 소리. 오랜만에 만난 이에게 반가움을 전하려고 패딩 입은 등을 폭신하게 토닥이는 소리……. 이 많은 두드림이 겨울 안에 있다는 것이 새삼 진귀하다. 두드림은 곧 깨우는 일, 같이 살아 있자고 토닥이는 일. 이처럼 아직 열어야 할 것이 많은 우리 삶을 닮은 것은 바로 사전이다. 열어보지 않으면 아무것도 들려주지 않는 책, 그러나 단어를 두드리면 우리가 아는 것보다 훨씬 더 많은 이야기가 쏟아지는 책.

이번에도 많은 이와 함께 겨울을 두드리게 되었다. 아침달에서 책을 만드는 사람들과 책 작업을 함께했던 작가들을 비롯하여 지난 『여름어 사전』을 함께 읽어준 독파의 독자, 아침달 북클럽 클로버 회원들과 함께 이 겨울의 둘레를 만들었다. 여기서부터 이 이야기의 시작이기도 하다.

『겨울어 사전』은 읽는 이가 눈빛으로 건네는 두드림으로부터 열리기 시작할 것이다. 열린 단어에게로 마음을 주면, 마음에 닫혀 있던 이야기들이 흘러나오기 시작한다. 우리는 그것을 듣고 말해주기도 하면서 차근차근이 두드림을 겨울의 리듬, 삶의 운율로 간직해볼 수 있을 것이다. 춥지만 덮을 것이 많이 있는 여기. 누군가 먼저 보낸 겨울로부터 새 우표를 붙여 이야기가 이야기에게로 전해지는 작은 모험. 여기는 푸르른 보리가 깨어나기로 결심한 새하얀 눈 이불 속이다.

2025년 11월
눈부신 겨울을 깨우며, 아침달 편집부

목차

기획의 말

눈은 보리의 이불이다 ····································· 007

ㄱ

가나다순 ············ 021	고요하다 ············ 039
가장자리 ············ 022	공항 ················ 040
검은그루 ············ 025	구세군 ·············· 042
겨울 냄새 ··········· 028	굴뚝 ················ 043
겨울냉면 ············ 029	귀마개 ·············· 046
겨울눈 ·············· 031	그대 ················ 048
겨울에 작아지는	긍휼 ················ 050
사람들의 모임 ········ 032	길고양이 ············ 051
겨울잠 ·············· 034	김장하다 ············ 054
결국 ················ 036	깡깡 ················ 056
고백 ················ 038	꽃샘추위 ············ 057

ㄴ

노래 ················ 061	눈 ·················· 067
농구 ················ 065	눈꽃 열차 ··········· 069

목차

눈물겹다·············070
눈사람·············071
눈설거지·············073
눈소리·············074
눈싸움·············076
뉘른베르크·············077

ㄷ

다이어리·············083
단추 수집가·············085
담요·············089
대관람차·············090
동지죽·············092
동짓날·············094
뒷산·············096
딸기·············100
뜨개질·············102

ㄹ

라디오·············107
라면·············108
러브레터·············110
렛잇꼬우·············112
리본·············114

ㅁ

마니토·············117
만두·············119
먼지·············122
목도리·············123

목차

목욕탕 ············124
무덤 ············126
문산 ············127
뭇국 ············129

ㅂ

발라드 ············133
발자국 ············135
밤 ············136
방학식 ············138
베개 ············140
별 ············141
보고 싶다 ············143
보리차 ············144
보풀 ············145
복도 ············146
복층 ············147
붕어빵 ············149
비둔하다 ············151

ㅅ

사랑 ············155
사박사박 ············157
사태눈 ············158
산타클로스 ············159
살얼음 ············161
새벽송 ············162
생일 ············165
서점 ············168
석유 난로 ············170
선물 ············172
선생님 ············175
성당 ············176
성에 ············178
성탄 ············182

목차

송년회 · · · · · · · · · · · · · 184
수면양말 · · · · · · · · · · · · 186
수상 소감 · · · · · · · · · · · 188
수족냉증 · · · · · · · · · · · · 190
숫눈 · · · · · · · · · · · · · · · 192
슈톨렌 · · · · · · · · · · · · · 193
스노볼 · · · · · · · · · · · · · 194
스노볼 쿠키 · · · · · · · · · 196

스테인드글라스 · · · · · · 197
시 · · · · · · · · · · · · · · · · · 201
시금치 · · · · · · · · · · · · · 203
시라카와고 · · · · · · · · · 205
신입생 · · · · · · · · · · · · · 206
십이월 · · · · · · · · · · · · · 207
싸라기눈 · · · · · · · · · · · 209

약속 · · · · · · · · · · · · · · · 213
양말 · · · · · · · · · · · · · · · 216
어묵꼬치 · · · · · · · · · · · 218
얼죽아 · · · · · · · · · · · · · 220
연말 · · · · · · · · · · · · · · · 221
연말정산 · · · · · · · · · · · 223
영등포 · · · · · · · · · · · · · 226
오다 · · · · · · · · · · · · · · · 227
옥수동 · · · · · · · · · · · · · 228

온기 · · · · · · · · · · · · · · · 229
온수 · · · · · · · · · · · · · · · 235
이름 · · · · · · · · · · · · · · · 236
이브 · · · · · · · · · · · · · · · 238
이터널 선샤인 · · · · · · · 240
인연 · · · · · · · · · · · · · · · 242
일월일일 · · · · · · · · · · · 243
입김 · · · · · · · · · · · · · · · 245

목차

ㅈ

자장가 · · · · · · · · · · · · · 249
자국눈 · · · · · · · · · · · · · 250
잔 · · · · · · · · · · · · · · · · · 251
잠복소 · · · · · · · · · · · · · 253
정류장 · · · · · · · · · · · · · 255
지우개 · · · · · · · · · · · · · 256

ㅊ

찻잔 · · · · · · · · · · · · · · · 261
창문 · · · · · · · · · · · · · · · 263
첫눈 · · · · · · · · · · · · · · · 264
추억 · · · · · · · · · · · · · · · 266
춥다 · · · · · · · · · · · · · · · 267
취기 · · · · · · · · · · · · · · · 269
치즈케이크 · · · · · · · · · · 270

ㅋ

카드 · · · · · · · · · · · · · · · 273
카메라 · · · · · · · · · · · · · 275
캔 · · · · · · · · · · · · · · · · · 277
케이크 · · · · · · · · · · · · · 278
코트 · · · · · · · · · · · · · · · 281

목차

ㅌ

타닥타닥 · · · · · · · · · · · · 285
택시 · · · · · · · · · · · · · · · 287
털실 · · · · · · · · · · · · · · · 288
퇴근 · · · · · · · · · · · · · · · 289

ㅍ

파마 · · · · · · · · · · · · · · · 293
펜팔 · · · · · · · · · · · · · · · 295
포슬눈 · · · · · · · · · · · · · 296
포옹 · · · · · · · · · · · · · · · 297
폭닥하다 · · · · · · · · · · · · 299
폭설 · · · · · · · · · · · · · · · 300
폭하다 · · · · · · · · · · · · · 302

ㅎ

핫초코 미떼 · · · · · · · · · · 305
해리포터 · · · · · · · · · · · · 307
혹한 · · · · · · · · · · · · · · · 309
화려하다 · · · · · · · · · · · · 311
후후 · · · · · · · · · · · · · · · 312
희다 · · · · · · · · · · · · · · · 313
희망 · · · · · · · · · · · · · · · 315

[일러두기]

- 이 책에 수록된 단어의 사전적 정의는 표준국어대사전에서 가져왔으며, 사전에 게재되어 있지 않은 신조어, 상품명, 속담, 합성어 등에 대한 뜻은 백과사전, 상품 설명 등을 참고하여 정리/게재했습니다.

- 각 원고를 집필한 저자는 원고 말미에 첨자로 적혀 있으며, 실명 혹은 필명으로 기재되었습니다. 아침달 편집부를 비롯, 아침달에서 책을 출간한 저자들, 독파 메이트, 북클럽 클로버 등이 필자로 참여했습니다.

가나다순 ◇ 가장자리 ◇ 검은그루 ◇ 겨울 냄새
겨울냉면 ◇ 겨울눈 ◇ 겨울에 작아지는 사람들의 모임
겨울잠 ◇ 결국 ◇ 고백 ◇ 고요하다 ◇ 공항 ◇ 구세군
굴뚝 ◇ 귀마개 ◇ 그대 ◇ 긍휼 ◇ 길고양이 ◇ 김장하다
깡깡 ◇ 꽃샘추위

가나다순

가나다. 가나다가 나의 겨울어인 것은 이 사전의 제일 처음에 읽히고 싶어서. 겨울의 펼침면 제일 첫 장에 내가 있으려고. 네가 겨울에 진입하려 할 때 내가 제일 처음 만나려고.

우리가 겨울의 중간에서 만난다면 그건 분명 로맨스가 되겠지만 겨울의 처음에 만난다면 조금만 함께 걷고 각자의 겨울로 가, 너는 내 코트를 간신히 검정이었다 말하겠지. 그게 때로 나는 진짜 사랑 같다.

가나다. 아무리 주문을 외워도 동시에 사라질 수 없어 계절이 나뉘고. 그렇다면 이 겨울 단 한 번 처음에 같아지려고. 겨울의 처음이어서, 앞으로 충분히 겨울이 있다고 오해하려고. 영구히 이어진다는 추위의 착각에 내 사랑을 집어넣고 너의 코트는 검정이다.

가나다. 이것이 나의 겨울어인 것은 이 사전의 제일 처음에 읽히고 싶어서. 네가 마음을 먹어야만 겨울이 된다고 믿을 때, 내가 너를 제일 먼저 만나려고.‡쩡찌‡

뜻
[명사] 한글의 '가, 나, 다……' 차례로 매기는 순서.

가장자리

바다에 들어가지 않고 모래사장을 걷다 평평한 돌 하나 주워 괜히 바다에 던져보는 일. 동심원이 경쾌한 모습으로 퍼지더니 이내 다시 숨이 멎는다. 바다의 중심에 가닿을 수 있다고 믿듯이 돌을 던졌지만 실은 바다에 중심 따윈 보이지 않는다. 중심이 없는 자만이 거의 무한한 영역으로 흐를 수 있는 것처럼 보인다.

어느 날에는 자동차를 잠시 갓길에 멈춰 세우고 나와 눈물을 펑펑 쏟는 아버지의 뒷모습을 보며 몰래 눈물을 훔친 적이 있다. 부쩍 쇠약해진 할머니를 두고 다시 먼 길을 가야 하는 아들의 심정이 순간 도로에 울컥 쏟아진 탓이었다. 꽝꽝 언 정도는 아니었지만, 도로에도 제법 한기가 돌고 있었다.

대학교 친구들과 단체 MT라도 가는 날에는, 모닥불을 피우며 낭만을 즐기기 위해 기타를 짊어지고 가도, 언제나 내게 마련된 가장자리로 가는 편이 좋았다. 숙소 테라스에 앉아 홀로 청승맞게 기타를 치고 있다가 한 친구가 거의 다 들리도록 말한 적도 있었다. 저럴 거면 왜 기타를 가져왔대? 나는 결국 어느 불 앞에서도 친구들 앞에서도 기타를 치지 못한 사람이 되었다. 대신 별이 많이 보이는 밤하늘을 바라보며 얕은 숨을 담은 기타 소리가 앞에 가까이 있는 냇가에라도 닿기를 바랐다. 기타를 테라스에 두고 나오려고 하니 다른 친구가 코드 연습을 해보겠다고 기타를 숙소에 가지고 들어왔다. 안에 들어와 나도 잠시 무리와 함께 앉아 웃었지만, 이내 한구석으로 자리를 옮기고, 친구들이 깔깔 웃으며 한두 잔 기울이는 모습을 보며, 뾰족한 경계에 기대 삶의 지표면이 숱한 경계로 견고해지는 시간을 견뎠다.

바깥, 경계, 구석, 가장자리…… 이러한 말들은 보통 환대받지 못하는 경우가 많다. 중심이 되고 싶은, 무리에 합류하고 싶은, 주류가 되고 싶은 본능이 기저에 깔려 있을 거라 생각한다. 이런 생각으로 다소 외롭고 쓸쓸해질 때마다 국경을 생각해본다. 두 나라의 영토를 구분하는 경계이기도 하지만, 두 나라가 힘껏 닿는 지점이기도 하다. 가끔 그 경계에 서 있다가 한 발씩 번갈아 뛰며 대륙을 건너는 장난을 치고 싶다. 순간순간 바뀌는 나의 위치가 즐거울지도 모른다. 두 나라 입장에서는 국경이 곧 중심이 된다. 경계에 가까워질수록 바깥이 아니라 안쪽을 들여다보는 것이다. 어쩌면 모든 중심은 소외된 자리에서부터 시작되는 위치일지도 모른다. 나는 그 사실을 살면서 종종 간과했던 것 같다. 그 말들이 지닌 속성에 함부로 외로움과 쓸쓸함을 투약했던 것 같다. 그렇게 해선 안 되지 않았을까. 아무것도 쉽게 나아지지 않았다.

가장자리에 흩어진 겨울 단어만을 모아 겨울의 복판으로 들어가는 일기를 쓰고 싶다. 그러기 위해서는 우선 겨울을 바라볼 수 있는 가장자리로 가야겠지. 그곳을 알게 된다면 한 번쯤 가보고 싶다. 다만 너무 외롭지는 않게. 기타를 메고 갈 수 있을 정도면 좋겠다. 아주 가깝지도, 아주 멀지도 않은 지난겨울까지만. ‡낙서‡

뜻
[명사] 둘레나 끝에 해당되는 부분.

검은그루

먼저 영구동토에 가고 싶다. 항상 얼어 있는 땅은 무얼 기다리고 있는지. 왜 항상 얼어야만 하는지. 그곳에서 어떤 마음의 지층을 이루고 싶은 것인지. 이 세계가 영구동토로만 구성되어 있다면 나는 다른 대륙으로 넘어가고 싶다는 꿈을 감히 꿀 수 있었을까. 아닌가. 그것과는 아무 상관이 없다. 대지의 속성을 잘 알지는 못하지만, 제일 먼저 떠오르는 이미지는 강이나 호수, 그리고 바다 따위가 얼어버려서 서핑은커녕 방파제에 부딪혀 흰빛을 가득 품은 채 흩날리는 물방울들을 볼 수 없는 혹한의 혹한. 혹 물에 갇힌 것이 있다고 해도 그걸 쉽게 꺼낼 수 없는 단단함이 당혹스럽겠지. 증발 없는 세계. 응결 없는 세계. 범람 없는 세계. 아주 확고한 결심처럼 느껴질 것 같다. 아주 단단히 걸어 잠근 문처럼, 그 문 앞에서 털썩 주저앉아 손잡이만 매만지게 될 것 같다. 다행히 이 세계는 내가 상상하기 어려운 만큼 훨씬 견고한 구조로 직조되어 있다. 땅은 만물이 소생하고 숨을 거두는 곳. 한 철학자는 대지에 대해 이렇게 말했다. 대지는 은폐되고 설명되지 않을수록 진정한 자신이 된다고. 폐쇄가 존재를 개방할 수 있을지도. 아직 '검은'과 '그루'가 합쳐진 경위를 마음대로 밝히지 못했다. 왜 아무 곡식도 심지 않았던

땅은 검은지, 그것이 '나무를 세는 단위'와 친밀한 관계가 될 수 있는지. 반대말은 흰그루다. 지난겨울에 곡식을 심었던 땅이다. 검은그루로만 이루어진 세계를 다시 한번 상상해본다. 아무것도 심지 않아 아무것도 은폐할 수 없는 세계다. 무얼 심었다고 해도 아직 대지를 뚫고 자라나지 않았다면 은폐된 것이라 할 수 있겠지. 은폐와 개방. 겨울에는 자꾸 이 두 가지가 제 마음대로 놓이는 순서를 뒤바꾼다. 올겨울에도 숨길 것과 드러낼 것이 많아지겠지. 주머니가 많은 외투를 입었다고 해서 꼭 그 주머니들을 다 사용할 필요는 없는 것처럼. 두 주먹만 간신히 쥐고 있는 나날이 더 많겠지.‡낙서‡

뜻
[명사] 지난겨울에 아무 곡식도 심지 않았던 땅. ↔흰그루.

겨울 냄새

20년 전 추석날 아침이었을 것이다. 조치원 큰집에서 제사를 지내기 위해 전날 밤에 도착하여 이것저것 먹고 난 다음 날 아침 퉁퉁 부은 얼굴로 몸을 일으켜 마당에서 맡은 냄새. 그건 분명하게 겨울을 알리는 냄새였다. 불과 일주일 전만 해도 더운 공기를 온몸에 담았던 것 같은데, 조용하고 민첩하게 계절의 자리를 바꿔 알싸한 겨울 냄새를 예고하다니. 좋아하는 빨간 스웨터를 챙겨 입고 입김을 내뿜었던 그날의 기억이 20년이 지난 지금도 강하게 남아 있다. 딱히 좋은 날도 아니었는데 겨울도 아닌 가을에 나는 왜 겨울의 냄새를 맡았다고 확신하는 걸까.‡엄주‡

뜻
[명사] 겨울이 가까워질 때 느껴지는 특유의 시린 냄새.

겨울냉면

냉면은 원래 겨울에 먹는 음식이라 했다. 이는 추운 날에 굳이 차가운 것을 먹어야 한다는 별난 미식에 관한 지향만이 아니라, 냉면이 겨울에야 먹을 수 있었던 음식임을 일러주는 구전이다. 당연하게도 냉장고와 제빙기가 없던 시절이 있었고, 빙고에 저장된 얼음을 여름날에 쓰는 건 높으신 분들께나 허락된 일이었다.

그러니 민중은 겨울날 얼어붙은 강에 나가 '벌빙'하여 얼음을 구할 수밖에. 차가운 '동치밋국'에 메밀면을 말아 뜨끈한 '구들목'에서 먹을 수밖에. 밀면이 없었을 때이니 메밀면이었을 수밖에. 반죽을 면으로 뽑기 위한 '분틀'을 다루는 데 장정의 힘이 드니 마을 사람 함께일 수밖에. 국수 먹는 그날이 잔칫날일 수밖에.

단어에는 짧은 생보다 먼 기억이 담겨 있다. 단어는 먼 기억을 지금 여기로 불러온다. 단어는 더 많은 단어를 불러온다. 그렇게 모인 단어와 기억 들이 언어 공동체가 남긴 잔상을 비춘다. 문학의 풍경. 우리의 기억 속에 영원할 백석의 시 한 수. 곧 겨울냉면을 먹으러 갈 생각에 기쁘다.‡송승언‡

뜻

[명사] 겨울에 동치밋국에 말아 먹는 냉면.

겨울눈

나무의 감은 눈. 겨울눈은 다음 계절에 피어날 연두색 눈망울, 겨울 나뭇가지에 맺혀 있는 싹이다. 작은 햇불처럼 위로 삐쭉 솟은 봉오리 모양을 하고 있다. 겨울눈은 '꽃눈'과 '잎눈'으로 나뉜다. 봄바람이 불 때쯤 여기 꽃이, 여기 잎을 피우겠다는 표식이다. 나무의 종류에 따라 기름기가 있는 여러 겹의 껍질, 보드라운 털 등으로 둘러싸여 있다. 겨울의 추위로부터 자신을 보호하기 위해 나무가 제 몸에 숨겨놓은 보온 주머니 같은 것이다.

산책을 하다가 나뭇가지에 맺힌 겨울눈을 자세히 들여다본다. 흰 눈을 머리에 이고 물기를 머금고 있다. 거기 초록이 잠자고 있다는 것을 안다. 사람의 마음에도 겨울눈 같은 것이 있겠지. 내어줄 것을 다 준 후에도 마지막까지 간직하는 것. 살아내느라 얻은 생채기를 보듬고 있는 시간 주머니 같은 것. 다시 살아갈 힘을 기다리며 웅크리고 있겠지. 그 안에 어떤 빛깔이 숨어 있을까. 제 이름과 꼭 닮은 모습으로 피어날 여린 순을 기다리며 겨울을 사는 나무처럼, 사람들도 그런 시간을 살고 있겠지.‡유실‡

뜻

[명사] 여름이나 가을에 생겨 겨울을 넘기고 그 이듬해 봄에 자라는 싹. 동아(冬芽). ↔여름눈.

겨울에 작아지는 사람들의 모임

'겨울에 작아지는 사람들의 모임'은 만남이 없는 모임이다. 어쩌면 당신도 함께하고 있는 만남이다. 여름을 좋아하던 사람들이 겨울만 되면 무기력하거나 힘들어하는 것을 보고 떠올린 가상의 모임이기도 하다. 겨울에 직접 만나는 일이 어려울 것을 너무나도 잘 알기에 입김이나 유령, 생각 따위로 떠돌며 떠올리는 일로 재회하는 일. "너도 그래? 나도 그래" 하면서 마음의 맞장구를 쳐주고, 겨울의 건강을 누구보다 신신당부한 다음 자기만의 동굴로 들어가는 사람들.

여름의 생기 있던 시간과 다르게 무채색의 시간에 접

어들어 자신의 안쪽을 마구마구 파고드는 사람들. 자신에게로 가로질러 가는 시간을 어째서 무기력하다고만 할 수 있을까? 그러나 겨울은 움직임이 적고, 자주 실내에서 창밖을 보고, 용기가 희미해지고, 용서는 멀어지며 추위에 대비하는 소도구(장갑, 목도리, 방한용품 등)를 챙기면서 방어적인 상태로 휴면 상태에 접어드는 것만 같다. 그래도 가끔 붕어빵을 나눠 먹을 때, 눈 내린 거리에 발자국을 오소소 찍으며 걸어갈 때, 조금 날이 풀려 겨울도 살만하지 않느냐고 기고만장할 때의 일들이 여름의 보풀처럼 일어나 겨울을 데우기도 한다. 여름의 순간들을 모아 겨울 안감으로 깁는 사람들.

겨울을 좋아하는 '겨울사랑단'을 만나, 겨울의 좋은 점을 엿들으며 자신만의 '겨울' 보내기 방식에 대해 탐구하는 사람들. 세상 어디에나 있을 법하지만 잘 드러나지 않고 은둔하며 조용히 자신의 겨울을 적어 왔고, 페이지를 거꾸로 넘겨온 사람들.‡넝쿨‡

뜻

[신조어, 명사] 유독 겨울이 되면 생기를 잃고 기운이 없는 사람들이 나 하나는 아니겠지 하고 생각하며 떠올리는 얼굴, 겨울을 보내고 있는 사람들의 안부를 짐작해보는 일 또는 그때 떠오르는 사람들.

겨울잠

춥고 어두운 시간이 혹독하게 느껴질 때마다 동면에 접어든 어떤 포유류를 생각한다. '잘 자고 일어나. 꼭 깨어나서 봄을 살아야 해. 봄볕이 좋거든. 얼어붙은 피를 녹이는 마음으로 살면 돼.' 혼잣말을 중얼거리던 날에는 오랫동안 쓰지 않아 휴면 계정이 된 메일을 열어본 참이었다. 받은 메일함의 스물몇 페이지가 온통 스팸메일과 광고로 가득 차 있었지만 언젠가 읽은 메일이 등장하면서부터는 겨울잠에서 깨어난 어떤 추억들이 되살아났다. 시답잖은 이야기들까지 모조리 메일로 나누었던 투명한 시절들. 그런 소식들은 또 괜히 잠들어 있던 마음을 깨우는 것 같아 몇 개의 메일을 읽어보다가 그만두기도 한다. 어떤 시절은 기억 뒤편으로 사라지면서 겨울잠을 잔다. 한 인간이 절전모드 상태가 되어 최소한으로 살아가는 데 있어서는 기억을 망각하는 편이 더 좋다. 잠에서 깨어난 한 시절의 말풍선이 꿈의 대사처럼 맞추어질 때, 나는 겨울잠이 들 것만 같았다. 조금 차가운 베개에 머리를 눕히고, 이불 속 몸을 한껏 웅크리고는 겨울잠을 자곤 했다. 너무 일찍 깨어나는 인간이었지만.‡넝쿨‡

뜻
ⅰ [명사] 겨울이 되면 동물이 활동을 중단하고 땅속 따위에서 겨울을 보내는 일. 박쥐, 고슴도치, 다람쥐 따위의 포유류에서 볼 수 있으나 넓은 의미로는 곤충, 개구리, 뱀 따위의 변온 동물의 월동도 포함한다.
ⅱ [명사] 발전이 없는 상태가 오랫동안 지속되는 일을 비유적으로 이르는 말.

결국

하지만 우린 결국 또다시 고통을 찾게 될 거야. 겨울에 말이야. 겨울에 고통을 찾는 습관을 버리지 못할 거야. 그게 뭐 나쁘다는 건 아냐. 왜 우린 겨울에만 유독 아픈 이야기를 잔뜩 할까. 그 이유를 너는 아니? 추운 게 무슨 상관이야. 여름보다 색감이 부족한 건 사실이야. 겨울을 생각하면 자주 어두워지고. 아주 희거나, 아주 어둡거나. 뭐 그 정도 아니야? 여름이 데려다주는 오색찬란을 어떻게 이길 건데. 아니, 그걸 꼭 이겨야만 해? 그래 결국, 돌아올 거야. 이토록 부지런한 엄동설한으로. 걸음을 잘못 디뎌 발목에 금이 갈 각오로. 겨울에는 사람들이 유독 더 자주 다치지. 그 이유를 너도 알지. 어떤 사람이 물어보았지. 여름에 하는 이별이 아픈지, 겨울에 하는 이별이 아픈지. 보통 사람들은 겨울에 하는 이별을 아프다고 생각하지. 그런데 여름에 하는 이별이 훨씬 아플 수도 있다는 거야. 사방이 너무 밝고 청량해서, 만물이 벅찬 생명력으로 가득해서 그 와중에 겪는 이별이 그만큼 대비되어 더욱 초라해 보일 수도 있겠지. 그래 맞아, 무슨 말인지 알겠어. 그런데 또 생각해보면 그게 꼭 중요한가? 어느 계절인지에 따라 이별의 농도가 달라지던가? 그 이유를 너는 아니? 나는 조금 더…… 생각해보고 싶어. 차라리 한

번 부사를 떠올려보는 거야. 내게 여름은 '아직'인 것 같아. 아직 무엇이 더 남아 있을 것만 같은. 더 찾아보면 미처 알지 못하고 보지 못했던 찬란이 두근거리고 있을 것 같은. 내게 겨울은 '결국'인 것 같아. 결국 다 일이 이렇게 되고 말았군. 결국 올해도 가는군. 결국 사람을 또 한 명 잃었군. 사람은 매일매일 잃는 존재인데도. 내가 해볼 수 있는 말은 단순해. 우린 다시 고통의 자리를 찾으러 갈 거야. 다름 아닌 살아가기 위해. 살아갈 의지를 포획하기 위해. 결국 다 괜찮아지기 위해 숱한 고통이 필요할 거야. 나쁘다는 건 아냐. ‡낙서‡

뜻

[부사] 일의 마무리에 이르러서. 또는 일의 결과가 그렇게 돌아가게.

고백

고민만 하다가 의기소침해져서 쓸데없이 힘들어하지 말고, 백지에 떠오르는 말들을 가득 채우는 마음으로, 밤새 내린 눈 위에 자국을 남기며 앞으로 나아가는 기분으로, 겨울에는 사랑하는 사람들에게 이 시기에만 할 수 있는 안부와 감탄을 자주 하고 싶다. 겨울 고백에 좀 더 용기가 생기는 이유. 계속 뒤돌아보게 되어서 더 잘 다듬어지고 싶어지니까. 그러면서 고백에 좀 더 의연해지는 나를 더 이해하고 용서할 수 있게 된다. 숨김없이 드러내고 싶어지는 말과 마음들을 가진 나를 더 사랑하게 된다. 농담과 장난으로 일상을 공유하는 설렘부터 존경과 감사로 굴린 건강한 마음이 저 스스로 걸어 나가게, 때로는 달려 나가도록. ‡능소화‡

뜻

[명사] 마음속에 생각하고 있는 것이나 감추어 둔 것을 사실대로 숨김없이 말함.

고요하다

내 친구 '고요한'은 이름 때문에 수업 시간마다 언급이 되었다. 선생님의 질문에 대답하지 못하면 꼭 얄궂은 목소리로 "이름처럼 고요하기만 할 거냐?" 하고 핀잔을 받았다. 아이들은 깔깔거리며 웃었다. 웃는 반 아이 중에는 이름이 '함성'인 애도 있었고 '박소리소문'도 있었는데……. 가장 시끄러운 놀림을 받는 것은 늘 '고요한'의 몫이었다. 그러나 나는 그 아이를 좀 좋아했다. 말수가 없는 그 아이에게 다가가 조용히 무언가를 물어보는 일이 좋았다. "너 대답할 줄 아네?" 같은 말은 무안할 수 있으므로 하지 않았지만. 그는 자신이 읽던 책 이야기를 해 주었고, 듣고 있던 노래를 들려주고 싶었는지 한쪽 이어폰을 내게 건네주기도 했다. 우리는 오른쪽, 왼쪽을 구분하다 어정쩡한 자세로 이어폰을 나누어 꼈다. 고요를 나누면 평화가 깃들었다. 아주 잠깐.‡넝쿨‡

뜻

1 [형용사] 조용하고 잠잠하다.

2 [형용사] 움직임이나 흔들림이 없이 잔잔하다.

3 [형용사] 모습이나 마음 따위가 조용하고 평화롭다.

공항

한 해가 저무는 시점, 언젠가부터 나는 늘 공항에 있었다. 크리스마스가 본격적으로 시작되기 전인, 12월 셋째 주부터 새해로 넘어가는 1월 1일 전까지 늘 어디론가 떠나곤 했다. 이 시기에 해외로 떠나는 건 사실 모험이다. 연휴와 연말이 겹쳐 공항은 사람들로 더욱 북적이기 때문. 비행기는 몇십 분에서 몇 시간까지 지연되기 마련이고 기상 악화 등의 이유로 결항되는 경우도 있다. 그럼에도 12월 말에 공항을 찾는 이유는, 이제껏 지나온 한 해의 일들을 잘 정리하고 싶어서. 공항을 메운, 오늘 한 번 스치고 말 사람들의 표정을 구경하며 올해 스친 많은 이름과 웃음을 떠올린다. 공항에서 가장 좋아하는 일은 제1터미널의 G와 F 카운터 사이 에스컬레이터를 타고 올라가면 보이는 카페에서 시나몬롤 먹으며 사람들 구경하기. 103번 게이트 앞 커피빈에서 아이스 바닐라 라테 마시기. 그리고 출국 수속을 마치고 면세점을 지나 탑승

게이트로 들어섰을 때. 공항이 품은 아량은 아무것도 하지 않고도, 아주 많은 생각을 가져도 된다고 말해주는 듯하다.‡능소화‡

뜻
[명사] 항공 수송을 위하여 사용하는 공공용 비행장. 주로 민간 항공기와 같은 정기 항공기의 이착륙에 사용한다.

구세군

역사에서 구세군이 흔드는 종소리를 들을 때 아, 12월 1일이구나, 비로소 겨울이구나 실감하게 된다. 옛날에 들고 있던 현금을 딱 한 번 넣어본 뒤로는 딱히 무얼 한 적은 없지만 그 종소리는 나를 완연한 겨울 속으로 들여보낸다. 딱 한 달 동안만 종소리는 울려 퍼지고, 사람들은 구세군 종소리와 잘 어울리는 걸음을 연습하며 제 나름대로 겨울의 박자를 터득한다. 너무 들뜨지는 않지만 또 너무 고요하지는 않게. 적당한 북적거림을 배운다. 연말이 오면 어쩐지 종소리가 더 크게 들리는 것만 같다. 사람들도 더 분주해진 것처럼 보인다. 다들 꼭 어디론가 가지 않으면 안 될 모습을 하고서. 저마다 한 손에 케이크를 들고서.

   구세군 종소리가 서로 스치는 사람들 사이사이를 채운다. 부쩍 차갑고 뾰족해진 공기. 아, 겨울이 온다. 이미 겨울이구나.‡낙서‡

뜻
[명사] 1865년에 영국인 부스(Booth, W.)가 창시한 개신교의 한 파. 거듭남, 성결(聖潔), 봉사를 중히 여기는 군대식 조직으로, 전도와 사회사업을 한다. 우리나라에서는 1908년에 전래되었다.

굴뚝

1.

독일 뮌헨에서 가까운 소도시 다하우로 가던 날에 첫눈이 내렸다. 기차 안이었다. 다하우는 유대인의 강제 수용소가 있는 곳이었다. 순전히 관광객의 마음으로 들어섰다가, 마치 오래된 소설책을 읽는 것 같은 시간을 보냈다. 흑백이나 세피아 필터를 끼운 것처럼 풍경은 색감 하나 없이 스산했고, 나는 긴 자갈밭을 지나 수용소로 들어갈 수 있었다. 언뜻 대중목욕탕처럼 보이는 곳에 들어섰을 땐 다 녹슨 수도관, 군데군데 깨진 타일 바닥이 눈에 들어왔다. 유대인들이 이곳에서 씻었겠구나 생각이 들었는데, 사람들이 일제히 천장에 나 있는 환풍구를 들여다보고 있었다. 바로 그곳에서 유독가스가 흘러나왔다고. 하루 중 가장 마음 놓을 수 있는 시간이었을지 모르는 샤워 시간에, 유독가스를 내뿜어 씻는 이들을 모두 떼죽음으로 만든 뒤, 목욕탕 바로 옆에 있는 시체 처리실에서 바로 화장되었다는 이야기를 팸플릿에서 번역해 읽고는 충격을 감출 수가 없었다. 그리고 시체를 태우는 곳에 있는 거대한 굴뚝 하나. 이곳에서 죽음을 맞이한 이들의 영혼이 빠져나갔을 것을 생각하니 마음이 무척 무거워졌다. 다시 수용소 밖으로 나와 전경을 살펴볼 때, 그제야 굴뚝 하나가 눈에 박힌 듯 계속 보였다. 그곳에서 연기가 되어버린 유대인의 영혼들, 온갖 비명과 신음들이 빠져나갔을 테니, 어쩌면 이곳의 유일한 출구는 굴뚝밖에 없다는 생각이 들었다. 그곳의 사람들이 말을 할 때마다 작은 입김이 퍼져 사라지는 것을 보았다.‡넝쿨‡

2.

겨울이면 머리에 눈이 쌓인 굴뚝이 떠오른다. 굴뚝은 마치 흉상처럼 시간을 잊고 서 있다. 그는 무슨 표정을 지어야 할지 모르는 채로 변화하는 계절을 지나왔다. 집의 얼굴이 된다는 건 혼자서는 멈출 수 없는 일이었다. 몸을 드나드는 공기의 움직임은 보이지 않는 실내를 계속 상상하게 만들었다. 안팎으로 들려오는 소리에 주의를 기울이는 굴뚝의 이미지가 그려진다. 이제는 연기가 피어오를 때가 되었는데 기억은 풍경을 회복하지 못한다. 지붕을 올려다보며 겨울을 세던 마음 위로 검은 눈발이 조용히 내려앉는다.‡강이현‡

뜻
[명사] 불을 땔 때에, 연기가 밖으로 빠져나가도록 만든 구조물. 주로 철판, 토관, 벽돌 따위로 만든다.

귀마개

무언가 귀에 들어오지 않게 막아주는 물건이 필요하다. 그런 물건이 왜 필요해졌을까. 어떤 소리는 거슬리기 때문이다. 듣고 싶지 않은 소리라는 게 있기 때문이다. 보통 그걸 소음이라고도 부른다. 하지만 또 어떤 소음은 들을 만하다. 일부러 백색소음을 찾아 듣는 경우도 많으니. 잡음이 없는 세계를 상상하면 어떤가? 그건 또 그 나름대로 공허할 것이다. 카페에서 대화 나누는 사람들의 목소리가 없다고 상상해보라. 찻잔이 아무리 받침과 부딪쳐도 어느 공명 하나 울리지 않는다고 상상해보라. 의자를 뒤로 끄는 소리가 없다고 상상해보라. 그곳은 더 이상 카페가 아니라 죽음일 것이다. 그러니 세상이 잡음으로부터 태어났다고 상상해보라. 빅뱅이라는 거대한 폭발. 잡음 이후에 세상이 태어났다는 것. 잡음이 없다면 사물도 현상도 이야기도 없었을 것이다. 그렇게 다시 물건을 찾는다. 귀에 침범하는 요소들을 막아줄 물건. 주로 한겨울에 많이 찾는다. 귀에 무얼 덮지 않으면 혹한에 노출돼 금방 빨개지는 두 귀가 벌벌 떨 테니. 그 무엇도 듣고 싶지 않다는 의지로 이 겨울을 조금 버틸 수 있다. 그 무엇도 듣고 싶지 않아서 어떤 이야기를 조금 더 오래 보온할 수 있다. 조금 펑퍼짐한 외투를 가져다줄 수 있을지도. 주머니가 필요한 이야기와 주머니가 필요 없는 이야기. 거기까지 배려하기는 어렵다. 귀를 덮고 한겨울 속으로 들어간다. 겨울의 맥박을 고요로 살피는 청진기. 겨울이라는 자세를 잘 취해야 한다. 겨울이 들려주는 이야기를 잘 들으려면 우선 최대한 많은 소리를 차단해야 한다. ‡낙서‡

뜻
[명사] 시끄러운 소리가 들리지 않도록 하거나 물이 들어가지 않도록 귀를 막는 물건.

그대

그대는 나를 그대야…하고 불렀다.
나도 그대를 그대야…하고 불렀다.
멀리서도 그대야 하고 달려왔고
중국집에서 주문할 때도
"이쪽 그대는 짬뽕 주시고요,
저는 간짜장 주시고요." 주문하고,
전화도 그대야 하며 받고 걸었다.
그대의 "그대야"에는 독특한 억양이 있다.
부산 해운대 겨울밤, 대구탕을 먹고 있었다.
털모자를 머리 위에 수북 올려두고 고개를 그릇에 박고.
거의 다 먹은 내 앞의 그대가 갑자기 내 털모자를 휙 벗겨 화장실로 도망갔다.
"그대!"
벌떡 일어났다. 참으로 격노한 외침 그.대.
였다.
큰 목소리와 엉망으로 눌러진 머리카락이 부끄러워 얼굴이 빨개졌다.
짓궂고 사랑스러운 그대-.
그대.

그대야, 뒤로 어울리는 말들은
그래, 응. 이 있겠다.
그대- 그래~ 응. 다 이루어지는 사랑의 긍정 끝판왕!
그대- 그래~ 응.
온몸이 녹는다.

‡김세희‡

뜻

¹ [명사] 주로 글에서, 상대편을 친근하게 이르는 이인칭 대명사.
² [명사] 듣는 이가 친구나 아랫사람인 경우, 그 사람을 높여 이르는 이인칭 대명사.

긍휼

* 자신을 살리는 사람들이 있다. 모든 것을 놓아버리고 싶은 순간마다 번번이 자신을 지키는 사람들. 아픈 몸으로 세상을 미워하다가도 결국에는 자신을 일으켜 세우는 그들에게 긍휼은 꼭 필요한 약이다. 밥을 먹고 산책하고 음악을 들으며 좋은 것 하나쯤은 주머니에 넣고 굴리며 겨울을 잘 건너기를.
* 내리사랑은 있어도 치사랑은 없다는 말은 그르다. 아이를 키우며 부모를 향한 마음은 더 커진다. 가만히 앉아 있는 뒷모습만 봐도 시간의 무게가 느껴진다. 이제는 내가 매달릴 수 없는 부모의 등을 가만히 쓰다듬는다. 사랑한다는 말도, 이제 내게 기대도 돼, 라는 말도 쉽게 꺼내지 못한다. 그렇게 간단한 말로는 전할 수 없을 것 같다. 이 커진 마음을. ‡유실‡

뜻
[명사] 가엾게 여겨서 돌보아 줌.

길고양이

겨울에는 걷다 말고 주저앉아 주차된 자동차 밑을 본다. 고양이가 있다. 웅크리고 앉아서, 지나다니는 사람의 발목을 보는. 그 발재간이 뜸해지면 막 주차된 따뜻한 자동차 밑을 찾아 나선다. 몇 걸음 걷는 일에도 온갖 신경을 뻣뻣하게 세워야 하는 운명인데, 나는 그것을 감히 불행히 여기지도, 연민을 갖지도 않는다. 그 처세에 내 마음을 빗대는 일은 더더욱 없다.

겨울이면 자동차에 시동을 걸 때 보닛을 두드려 차 밑에 혹시나 있을 고양이를 내보내야 한다고 사람들은 말한다. 어떤 시인은 문학상 상금을 몽땅 털어 거리의 고양이들을 위해 사료와 집기를 산다. 고양이를 괴롭히고 죽이는 비일비재한 일들로 하여금, 사람들은 분노를 금치 않는다. 누군가는 고양이와 십몇 년을 살고 있고, 누군가는 겨울만 되면 거리를 떠도는 고양이들을 생각하느라 잠을 이루기 힘들다.

당신에게서 이번 겨울은 춥지 않아 다행이라는 말을 들었다.

나는 변덕스럽게도 아주 추워서 눈이 펑펑 내리면 좋겠다고 말했는데, 당신은 단호히 고개를 젓는다. 우리의 대화 속에는 아주 희미한 입김만이 남아 있다. 이유는 묻

지 않는다. 당신이 가방 앞주머니에 늘 고양이 사료와 간식을 챙겨 다닌다는 것을 잘 알기 때문이다.

그렇게 만발의 준비를 한 날에는 고양이를 쉽게 만나지 못하게 된다.

어느 날 빈손이었을 때, 당신 앞에는 아주 작고 하얀 고양이가 나타났다. 배를 곯았는지 뼈가 앙상하게 남아 있었고, 아직 인간을 경계하지 않는 것을 보아 어린 고양이었다.

당신은 부리나케 편의점으로 달려가 고양이에게 줄 것을 사 왔지만 고양이는 이미 어디론가 사라지고 없었다.

준비된 마음이 준비되지 않은 마음을 쫓는 것은 오히려 어려운 일이다. 준비되지 않은 마음이 준비되지 않은 마음을 뜻밖에 만나는 일보다도.

어두운 자동차 밑을 들여다보면 아직도 이 세계와 낯을 가리는 어린 입김들이 서려 있다. 나는 그것들을 온전히 생각하는 일로 하루를 보낼 수도 있다. 나의 경우와 당신의 경우를 헤아릴 수 있다. 인간의 할 일에 대해 생각할 수도 있다. 어린것들이 발자국을 남기고 지나간 겨울의 행색을 본다. 추웠고, 혹독했고, 나눠줄 것 없이 빈약했기 때문에 우리가 우리에게 남긴 것이 더 선명하다는 것을, 밤에 부지런해지는 어린것들에게, 애써 잠에 닿지 않으려는 것들에게, 기나긴 겨울을 다녀간 존재들에게 나는 쓰고 싶다.‡넝쿨‡

뜻

[명사] 주택가 따위에서 주인 없이 자생적으로 살아가는 고양이.

김장하다

12월 초가 되면 외갓집에서 보내준 상자 하나가 집에 도착한다. 제한된 용량 20kg의 무게를 맞추느라 꾹꾹 눌러 담은 김장 김치가, 화물 택배로 실려 와 나의 겨울을 연다. 자취하고서부터 꼬박 십몇 년을 거르지 않고 받는 이 상자가 언젠가는 귀찮은 것이기도 했다. 김치를 꺼내어 담으려면, 다 먹어가던 김치통을 씻고, 건조하고, 그러다 보이는 냉장고의 허전한 살림들을 정리하고······. 그런 시간들이 버겁게 느껴질 때도 있었다. 하지만 이제는 온전히 내가 함께하지 않는 김장의 시간을 생각해보게 된다. 택배를 부치고 나서부터 수시로 외할머니의 걱정이 담긴 전화를 받을 때면, 덩달아 초조해진다. 택배가 늦어져 김치가 금방 익어버릴까봐 외할머니는 평소 저녁 8시면 주무시는데, 내 전화를 기다리느라 늦게까지 깨어 있던 적도 한두 번이 아니다. 상자를 열어보면 배추김치가 족히 스무 포기는 되는, 한 해 먹을 걱정 없이 넉넉한 분량으로 담겨 있다. 그리고 무생채와 파김치, 열무김치도 조금씩 담겨 있는 봉투들. 그 매듭을 본다. 조금이라도 샐까봐 두 번 세 번 묶은 단단한 매듭을. 볶은 깨와 외할머니표 진미채볶음, 멸치볶음, 소주병에 담겨 있는 참기름을 다 꺼내어 정리하면 늦은 시간이 되니, 택배를 받은 다음에 곧장 전화를 건다. "할머니, 김치 잘 받았어요. 뭘 이렇게 많이 보내셨어요." 아주 상투적인 인사를 외할머니는 기다리고 있었겠지. 외할머니도 매년 똑같은 대답을 건넨다. "맛이 없어도 몸에 좋은 거라고 생각하며 먹어라." 그러고 나서의 통화들은 먹어본 후기들로 채워진다. 나의 겨울 냉장고는 텅 비어 있지만 꺼내어 씻기 귀찮은 김치통을 열어 외할머니의 김장김치를 새로이 담는 것으로부터 시작한다. 다 정리하고 조금 늦은 저녁 식사를 하면서, 따뜻한 흰밥에 김치를 올려 먹으면서, 겨울에 쓸 기운을 얻는다. 엄마는 늘 올해가 마지막 김치가 될 거라고 다른 걱정에 전화를 걸어온다. 어느 겨울에 꽉꽉 담긴 20kg 상자가 집에 오지 않으면 어쩌지 속으로 생각하며 밥을 꼭꼭 씹어 먹는다. ‡넝쿨‡

뜻

1̄ [동사] 겨우내 먹기 위하여 김치를 한꺼번에 많이 담그다.
2̄ [동사] 김장거리로 무, 배추 따위를 심다.

깡깡

한파는 냉각의 신이 하는 헛기침. 한겨울 공기에는 눈에 보이지 않는 서리 알갱이가 떠다니고 큰 숨을 들이쉬면 서리 맞은 폐가 깡깡 얼어붙는 것만 같다. 그래도 서리꽃이 폐에 필 걱정은 안 해도 될 게 따뜻한 코코아 한 잔이면 온수 주머니가 된 장이 언 숨을 꼭 끌어안고 중탕해주니까. 몸속 찬 것과 뜨거운 것의 경로가 제 위치를 선명히 알리는 계절. 산 사람의 겨울. ‡흰그루‡

뜻

[부사] 몹시 단단하게 얼어붙거나 굳은 모양.

꽃샘추위

'이른 봄철의 날씨가 꽃이 피는 것을 시샘하듯 일시적으로 추워지는 기상 현상'이라는 뜻을 읽고 시샘이라는 단어에 마음이 훅-했다. 꽃샘추위는 늘 배웅이나 마중이라고 생각했다. 그래서 겨울이 끝나갈 무렵, 늘 마음 어딘가에서는 꽃샘추위를 대비하고 있었다. '곧 다시 한번 더 추워질 거야. 그럴 거야' 하는 확신으로 코트나 패딩을 옷장 속에 넣기를 미루며 계속 무의식적으로 추위를 남겨두었다. 언젠가 4월에 이례적으로 눈이 내렸을 때 나는 왠지 모를 서글픔을 느꼈다. '봄을 시샘하는 4월의 눈'이라는 타이틀 때문이었을까? 지구가 어디선가 아프고 있구나 하는 걱정 때문이었을까. 아니면 '무언갈 아직 보내지 못하고 있는 걸까' 하는…… 그래도 꽃샘추위가 한 차례 지나가고 나서야 비로소 '이제 봄이 될 거야' 하고 안도하게 된다. 봄이 온다는 말보다 봄이 된다는 말로 이 추위를 다져본다. 마치 헤매고 휘청이던 감정 속에서도 결국 어떻게든 무엇이 되곤 했던 내 모습 같다. ‡능소화‡

뜻
[명사] 이른 봄, 꽃이 필 무렵의 추위.

노래◇농구◇눈◇눈꽃 열차◇눈물겹다◇눈사람
눈설거지◇눈소리◇눈싸움◇뉘른베르크

노래

얼마 전에는 누군가 내게 어떤 사람이 되고 싶은지 물어본 적 있었다. 나는 난감해진 얼굴을 애써 숨기면서 급히 대답을 골랐다. "포장지 뜯을 때 말이에요, 이빨을 안 쓰고 손으로 한 번에 뜯는 사람이 되면 좋겠어요." 질문을 던진 사람은 알 수 없는 미소를 보였다. 이토록 사소한 사람을 완성된 얼굴로 생각하며 사는 사람도 있다고요? 그렇게 반문할 것만 같아서 재차 대답을 덧붙였다. "꼭 그런 사람이 되고 싶어요. 사실 그게 사소하지만 정말 어렵거든요."

사소한 것은 한 사람의 인생을 잠깐 정차시키기도 한다. 작고 여린 것들로부터 커다란 꿈을 꾸기도 하니까. 작은 것은 한 사람을 움직일 수 있다. 디테일, 그것은 은유가 아니라 우리가 살고 싶어 하는 작은 세상의 전부일 수 있겠다고.

서울 구석구석을 누비며 자취를 해왔다. 집이라고 말할 수 없고, 방이라고 이야기해야 할 것 같은 협소한 공간들이었다. 허리를 깊숙이 숙여 열어야 했던 작은 냉장고엔 언제나 마실 것들이 즐비해 있었다. 손님들이 있었기 때문이다. 생각해보면 내가 둥지를 트는 곳마다 자주 찾아와주는 사람들이 있었다. 잠은 집으로 돌아가 자겠지만 눈 떠 있는 동안에는 갈 곳이 얼마 없던 사람들. 밤새 무언가에 대해 떠들고, 아침이 오는 새삼스러움을 함께 실감했던 사람들. 나는 아마도 그런 사람들을 친구라고 여기며 살아왔던 것이다. 돈을 많이 버는 이야기, 사회생활을 번듯하게 해나가는 이야기, 결혼과 이혼 이야기, 시만 써서 먹고사는 이야기…… 허황된 이야기 같았지만 어느덧 우리에게 당도해 그렇게 되어가고 있고, 또 어떤 것들은 보란 듯이 실패하고 있다. 그리고 그 친구들은 이제 더 이상 내가 사는 곳으로 오지 않는다.

겨울이 오면 조하문의 노래 〈눈 오는 밤〉을 듣곤 한다. 내 기분이 어떤지 분간할 수 없을 만큼 아득해질 때면 잠깐 켜두는 전구와도 같다. 노래에는 "서로의 즐거운 슬픔을 나누던 밤"이란 가사가 나온다. 이미 아득해진 어떤 날이 '즐거운 슬픔'이라는 혼종으로 살아남아 나를 견디고 있다는 것이 신기할 따름이면 그제야 내 기분을 실감할 수 있게 된다. 이것은 질 좋은 어둠이었구나, 이것은 가느다란 실선 같은 슬픔이었구나, 이건 누군가 눈동자를 불어줘야만 사라질 먼지였구나 하고는 혼자라는 상태를 그제야 뒤척이게 된다. 그땐 정말 슬픔이 즐거운 일이 되기도 했었다니, 그것을 애써 나누려고 슬픔을 마구 꺼내려고 했다니, 마음의 혹한이란 것이 꼭 아득한 일만은 아니었구나 싶어진다.

어떤 노래는 나의 기분과 닮아 잘 들린다. 어떤 노래는 내 기분에 항의하듯 엉뚱하게 들린다. 어떤 노래는 나보다 먼저 태어나 기쁨과 슬픔을 선행하고는 시간이 지나고도 계속 흐른다. 어떤 노래는 트리를 완성하듯 마지막 장식을 가장 단단한 줄기에 매달기도 한다. 조하문의 〈눈 오는 밤〉은 다 함께 걸었던 미끄러운 길녘에서 누군가 넘어지지 않았는지 뒤돌아보는 노래다. 그런 작은 근심과 걱정들로 무사히 도착해 있는 여기에서 과거 우리의 어깨에 쌓인 눈송이를 털어주는 노래다.

노래라는 말에는 '오는 사람을 맞아 수고를 위로'한다는 뜻도 있다. 겨울 노래가 마치 추운데 여기까지 오느라 수고했다고 인사를 건네는 것 같다.

파스칼 키냐르는 이렇게 말했다. "모든 음악에는 느닷없는 호출, 시간의 독촉, 마음을 뒤흔드는 역동성이 있다. 그리하여 우리를 이동시키고, 자리에서 일어나 음의 원천을 찾아가게 만든다." 우리가 함께 보낸 많은 밤들이 어디에서 어둠을 키우면서도 온기를 지키고 있는지 생각한다. 나는 종종 자리를 털고 그곳으로 가고 싶지만, 그럴 수 없어서 노래를 찾아 듣는다. 노래 속에서만큼은 영원히 눈 덮인 지붕 밑을 환하게 데우며 옹기종기 떠들고 있는 우리들이 있기 때문이다. 그 장면이 내 인생에 있어 어쩌면 사소하고, 작디작은 시간에 불과할지 모르겠다. 그러나 이 노래 한 곡으로 잠깐 삶이 멈춘 것처럼 멍하니 지나간 시간을 켜둘 수 있다는 사실에 안도한다. 그때는 성질이 급해 이빨로 과자 봉지를 뜯고, 컵라면 비닐을 벗기던 사람이 있었는데…… 우리가 끝내 무엇이 되지 않았는지 보고 싶어지는 겨울이다. 김 서린 안경을 닦아 선명하게 보고 싶은 작디작은 세상이다. ‡넝쿨‡

뜻

1 [명사] 가사에 곡조를 붙여 목소리로 부를 수 있게 만든 음악. 또는 그 음악을 목소리로 부름.
2 [명사] '늘그막'을 점잖게 이르는 말.
3 [명사] 오는 사람을 맞아 수고를 위로함.

농구

겨울은 깨끗하다. 많은 사람들이 이 속성 때문에 겨울을 좋아하는 것 같다. 정신 또렷해짐, 땀 나지 않음, 악취 없음, 고요함. 그러나 추위에 약한 나는 저 중 무엇도 반갑지가 않다. 끝없이 이어질 것만 같은 밤과 어둠 속에 있다 보면, 소란이 땀이 부패가 낭비가 과잉이 그리워진다.

그러니 겨울의 체육관을 좋아하게 된 건 당연한 일일지도 모른다.

무거운 철문을 열고 들어가면 더위와 함께 함성, 과환 조명이 말 그대로 '쏟아진다.' 선수들의 몸이 굳지 않도록 실내 온도는 높게 설정되어 있다. 좌석에 앉아 가장 먼저 하는 일은 입고 온 겨울옷 한 겹씩 벗기. 가벼운 상태가 된다. 외투에 어깨가 짓눌리지 않는다.

형광등 빛과 응원가는 이곳의 공기를 바깥의 굳은 것들과 완벽히 구분한다. 운동화 미끄러지고 농구공이 튀는 소리는 와글거림 속에서도 선명하게 들려온다. 우리 어째서 저 작은 소리를 들을 수 있지? 그러나 그런 생각할 틈이 없다. 공이 이쪽에서 저쪽으로 가는 데는 8초도 걸리지 않는다.

한국프로농구는 늦가을에 개막해 완전히 따뜻해진 봄 한복판에 끝난다. 이 길고 긴 겨울이 두려워 크고 작은 이벤트들 놓치지 않고 챙겼었지만 더는 그럴 필요가 없다. 첫눈, 동지, 크리스마스, 새해. 어차피 농구 보는 날이니까.

사는 내내 겨울이 너무 길어 억울한 맘이었는데 이제는 겨울 간다고 하면 잘 놀던 친구에게 배반당한 기분이다. 안녕, 그렇지만 곧 또 만나. ‡연정모‡

뜻

[명사] 다섯 사람씩 두 편으로 나뉘어, 상대방의 바스켓에 공을 던져 넣어 얻은 점수의 많음을 겨루는 경기.

눈

눈이 내린다.
눈이 내리면 졸리다.
눈이 내리면 하늘은 잿빛이 된다.
그러면 왠지 따뜻한 음료를 마시고 싶어진다.
평소엔 하지 않았던 이런저런 루틴이 생긴다.
눈이 내리면 용서하지 못한 사람들이 떠오른다.
그들을 용서하고 싶어진다.
눈이 내리면 밟고 싶어져서
그 길로 동네를 산책하고 싶어진다.
또 눈이 내리면 음악 없이 걷는다.
그러면서, 눈송이가 내려앉는 모습을 보면서 속으로 생각한다.
잘 지낼까, 라테를 마실까, 무슨 영화를 볼까.

눈은 모든 감정을 다림질해서
그가 오면 깨끗해진다.
안부에서 설렘으로 그리움으로 이해로 계속해서 나아간다.
그리고 눈이 내리는 날엔 해를 보기 힘들어서
아주 맛있는 케이크를 혼자 먹고 싶어진다.
‡능소화‡

뜻
[명사] 대기 중의 수증기가 찬 기운을 만나 얼어서 땅 위로 떨어지는 얼음의 결정체.

눈꽃 열차

찬 바람이 옷깃을 여미게 하는 겨울이면 운행하는 열차가 있다. 눈꽃 구경을 가는 여행객들을 위한 눈꽃 열차. 어린 시절이라 정확하게 기억은 나지 않지만, 나도 이 열차를 타본 적이 있다. 졸린 눈을 비비며 오리털 잠바와 모자, 장갑까지 완전 무장을 하고 청량리역에 도착하면 이제는 역사의 뒤안길로 사라진 무궁화호 눈꽃 열차를 탈 수 있다. 눈꽃 열차의 목적지는 강원도. 매서운 겨울바람에 정동진의 해돋이를 보며 두 눈을 뜨기 힘들기도, 무릎까지 눈이 쌓여 50m 앞 구멍가게에 라면을 사러 가기도 쉽지 않은 상황이 생기기도 하지만, 눈꽃 구경의 목적을 달성했다는 생각 하나에 열차에 모인 사람들의 얼굴에는 웃음꽃이 피어 있다. 이제는 KTX를 타고 눈꽃 구경을 갈 수 있다던데. 올겨울에는 눈꽃 열차를 타고 눈 구경을 다녀와야겠다. ‡황채린‡

뜻
[명사] 겨울에 눈이 많이 내린 지역으로 눈꽃 구경을 가는 여행객을 위해 운행하는 특별 열차.

눈물겹다

크리스마스이브에 시를 쓰고 있던 남자에게 초를 켤 불을 빌리러 온 여자. 그들은 떨어트린 열쇠를 줍기 위해 바닥을 더듬거리다 어둠 속에서 손길이 마주친다. 남자는 여자의 찬 손을 안타까워하며 노래한다. "그대의 손이 차갑군요. 내가 따뜻하게 해줄게요." 가난한 시인 로돌포와 다락방에서 꽃 자수를 놓으며 살아가는 병약한 여인 미미의 사랑이 담긴 푸치니의 오페라 〈라보엠〉. 그중 1막에 등장하는 아리아, '그대의 찬 손'이다. 예술가의 삶과 사랑을 노래하는 백 년 전의 이야기 속에서도 젊은이는 가난하지만 꿈이 있고 낭만적인 사랑을 꿈꾼다. 그러나 "4월의 첫 입맞춤은 나의 것이에요" 하고 노래하던 낙천적인 미미의 죽음으로 이들 사랑은 결국 막을 내린다. 어째서 겨울에는 가난한 사람들의 이야기가 유행일까. 겨울이 눈물의 배경이 되기에 적합한 계절인 걸까. 잔인하게도 눈물겨운 이야기로 이 계절의 혹독함을 잠시 망각하게 하기 위함일까. 곧 봄이 올 거라는 말은 어떤 위로도 될 수 없다. 시간이 멈춰버린 이들에게는. ‡유실‡

뜻
[형용사] 눈물이 날 만큼 가엾고 애처롭다.

눈사람

눈이 쌓이면 마을의 눈사람 조각가들은 그들의 숙명대로 마을 곳곳을 누비며 눈사람을 만든다. 눈사람을 맘껏 만들 수 있는 축복의 날은 긴 겨울날에 비해 얼마 되지 않다는 걸 잘 알기에 그들은 언제나 최선을 다한다. 눈사람은 가로등의 마음을 닮았다. 지나가는 사람들의 얼굴을 환히 밝혀준다. 필요한 길목마다 여지없이 등장한다. 눈사람과 마주친 사람들은 쉽게 떠나지 못하고 오래 머문다. 못내 헤어짐이 아쉬워 작은 꼬마 눈사람을 곁에 만들어 두고 간다. 밤이 깊어질수록 눈사람의 수는 점점 늘어나고 길고양이조차 다니지 않는 고요한 새벽이 오면 눈사람은 서로에게 말을 걸기 시작할 것이다. 사람에 대해, 자신들을 만든 최초의 조각가에 대해, 한둘은 겪어야 했을 파괴자에 대해 이야기한다. 그리고 자신들은 어째서 사람의 모양을 하고 있는지 궁금해하며 아침을 맞을 것이다. 다시 하나둘 나타나 안녕, 하고 인사하며 다가오는 사람들을 보며 눈사람은 생각하겠지. 어쩌면 사람은 외로운 것일까. 눈사람은 한 번도 찡그리지 않고 따뜻한 미소로 사람을 향해 두 팔을 벌리고 있다. ‡유실‡

뜻

[명사] 눈을 뭉쳐서 사람 모양으로 만든 것.

눈설거지

눈이 쏟아지려고 하기 전에 부지런히 모여 축구를 했다. 사람끼리 만나 하나의 공을 뻥뻥 차고 굴리면서 우리는 웃었다. 웃기만 했다. 공을 굴리면서 울었던 적은 없었지만 공을 끌어안고 운 적은 있다. 고등학생일 때였다. 운동장에 홀로 나와 앉아 있었는데 저 멀리 좋아하는 선생님과 다른 반 아이들이 운동장 한가운데로 나와 일몰 직전 붉게 타오르는 하늘 아래에서 도란도란 웃으며 모여 있는 모습을 보고 그랬던 것 같다. 그때 서녘의 하늘과 아이들과 선생님과 나 혼자를 보다가 옆에 있던 낡은 공이라도 안았던 것 같다. 곁에 아무도 없어서. 붙잡을 소매 같은 게 없어서. 울었던 것 같다. 그때 다짐했던 모양이다. 안 될 거라는 마음을 지우고 될 거라는 마음을 키우기. 더 이상 비겁해지지 않기. 이런 이야기는 결코 눈을 맞아서는 안 된다고 생각했다. 눈을 맞지 않아야 하는 이야기가 몇 개쯤 더 있을 것이다. 눈이 한바탕 쏟아지고 나면 공이 제대로 굴러가지 못할 테니까. ‡낙서‡

뜻

[명사] 눈이 오거나 오려고 할 때, 눈을 맞아서는 안 되는 물건들을 거두어들이거나 덮는 일.

눈소리

찬 기운에 오소소 돋는 소름을 느끼며 고요하다 못해 적막한 새벽을 맞는다. 모든 소리가 사라진 듯한 시공간. 아, 눈이 왔구나 싶은 감에 창문을 열면 눈 위에 눈이 쌓이는 소리가 사락사락과 소복소복 그 어딘가에 머물러 있다. 흡음하는 눈. 주변의 모든 소리는 사라지고 오직 눈 내리는 소리만 막막하여 눈길이 닿는 풍경은 하얗게 덮여 있다.

한겨울 북해도 여행을 한 적이 있다. 설피를 신은 발이 푹푹 빠지는 설산을 걸으며 눈 속 자연의 흔적을 더듬는 투어를 가이드와 둘이 했다. 산자락에 앉아 코코아를 마시고, 자작나무의 씨눈을 보고, 노루가 남긴 배설물을 통해 몇 분 전 존재를 더듬는 방식이었다. 당시의 눈은 한국에서 보던 그 어느 눈보다 푹신하고 평등하게 생명들을 감싸고 있었다. 썰매를 타고 능선을 내려와 사지를 퍼덕이며 천사의 날개를 만드는 나란 사람까지 보듬어줬으니까. 투어를 마친 후 잠시 멈췄던 눈발이 거세지기 시작했다. 시내로 돌아가는 열차를 기다리는 무인역에는 나 외에 아무도 없었다. 폭설에 운행 정지라도 되면 오갈 곳 없는 신세였다. 조마조마한 마음은 나 몰라라 눈송이는 하염없이 소리를 지우며 떨어지고, 눈멀 정도로 아름다웠던 설경이 원망스러워지려 할 때, 짙은 남색 파카에 선명한 눈꽃이 맺혀 있는 모습이 보였다. 멀리서 육각형의 꽃 너머 열차가 다가오고 있었다. 지워졌던 소리가 다시 들려오기 시작했다.

눈은 소리를 머금고 그사이에 소리를 숨겨놓는다. 선택된 소수의 귀에만 들리는 눈소리를. ‡remlin‡

뜻
[명사] 눈이 내릴 때 나는 소리나 무음의 풍경을 역설적으로 나타내는 단어.

눈싸움

우리 내기할까? 당연히 먼저 눈을 감는 사람이 지는 거야. 진 사람이 이긴 사람 소원 들어주는 거야, 알았지? 응 그래, 알았어. 그런데 왜 눈을 감으면 지는 거지? 반대로 해볼 수 있는 게임은 없나. 그러니까 눈을 뜨면 지는 게임. 최대한 눈을 감을 수 있을 때까지 쭉 감는 거야. 먼저 뜨면 지는 거야. 그런 게임이 어딨어. 이미 우린 이 게임을 시작하고 있어. 이미 많이들 실패했고, 이미 많이들 이겼어. 너무 많은 사람이 이겨서 알았어, 네가 이겼으니까 이제 눈을 뜨라고 했는데도 눈을 뜨지 않더라고. 이긴 기쁨에 너무 심취한 나머지 그만. 눈을 뜨는 법을 잊어버렸나봐. 그럴 수가 있나? 그럴 수도 있다고 생각해. 어, 눈 감았다! 음, 내 소원은…… 네가 영원히 내 곁에서 눈을 감지 않는 거야.ǂ낙서ǂ

뜻
1. [명사] 서로 눈을 마주하여 깜박이지 않고 오래 견디기를 겨루는 일.
2. [명사] 뭉친 눈을 서로 던져 상대편을 맞히는 놀이.

뉘른베르크

어느 겨울엔 독일 뮌헨에 있었다. 첫눈을 맞았고 큰 의미는 두지 않았다. 바이에른 주에 속한 도시 이름을 쭉 적어놓고, 매일 가고 싶은 곳을 골라 떠났다. 그날은 뉘른베르크였다. 축구팀 이름 정도로만 알고 있던 그곳에 도착했을 땐 우연처럼 성탄절 마켓이 열리는 첫날이었다.

성탄절과 어울리는 조명, 장식품들을 파는 것이 마켓이었지만, 유럽에서 제일 큰 규모와 역사를 자랑하는 뉘른베르크는 조금 달랐다. 골목마다 팔고 있는 모든 물건이 마치 성탄절을 위한 것처럼 느껴졌다. 느릿느릿 걸음을 옮기며 마켓 앞에서 장식품을 고르는 노인을 구경했다. 아기 천사 모양의 조각을 만지작거리더니 이내 내려놓고, 반짝거리는 별 모양 조각을 구입한 뒤 유유히 떠나는 신중한 눈동자 속에서 나무 한 그루를 보았다. 수십 해를 거쳐 망설이고 고민했던 순간들이 오롯하게 매달려 있을 트리. 오르골 앞에서 언 귀를 내놓은 아이들, 거울 앞에서 약속 없이 목걸이를 목에 대어보는 연인들, 그런 사람들 곁을 지나면서 나는 한국으로 돌아가 근사한 성탄절을 맞이하고 싶었지만 나무 한 그루 없는 초라한 사람이었다.

사람들의 신중한 손길과 눈빛을 읽느라 시간을 다

쏟았을 땐 저녁이었다. 뉘른베르크 구시가지 광장에는 전 세계의 마켓들이 문을 열고 있었다. 입김이 나올 만큼 추웠지만 마켓엔 첫날을 즐기기 위한 사람들로 가득했다. 캐럴을 엿듣는 도시의 낡은 벽들을 따라가다가 온 도시가 돌아올 성탄절을 위해 들썩이는 모습이 아름답고도 이상하단 생각이 들었다. 먹고사는 문제로 실랑이하는 모습 대신, 우아하게 트리에 걸 장식품을 고르거나 성탄절 저녁 식사 때 나눠줄 엽서를 사는 사람들을 보니 그랬다. 맥주에 취해 얼굴이 빨개진 사람들은 마치 달력 속 12월 25일 같았다. 그들 사이를 지나는 검은 머리의 나는 다시 평범해진 26일처럼 숙연해질 수밖에.

뉘른베르크의 일부 시민들은 이 마켓 준비를 위해 여름 한 계절을 모두 소비한다고 한다. 성탄절 식탁 위에 오를 음식부터 입을 옷까지, 모두 성탄절을 염두에 둔 도시의 짜임새가 얼핏 느껴졌다. 두 눈동자로 오래 담아둘 단 하루의 기념일을 위해 속눈썹을 바삐 움직였을 사람들. 질끈 눈 감고 성탄절을 대충 보내잔 심정으로 살던 내게 "당신의 기념일은 어떤가요?"라고 묻는 것 같았다. 그럴 일 없지만, 꼭 그 질문에 대해 대답하고 싶었다. 뉘른베르크가 내게 준 숙제였다. 1년에 하루, 우리가 인생을 사는데 성탄절이 아주 잠깐의 행복이라면 즐기고 싶단 생각을 했다. 뉘른베르크가 내게, 입김 가득한 추억으로 들려준 것이다. 대단한 기념일이 아니라, 아무런 의미도 희망도 흘러 다니지 않는 달력에 기대되는 이벤트를 적어두는 일, 그날로부터 모여든 사람들과 혼자 먹던 음식을 내놓고 담요를 덮어쓴 채 누구나 다 아는 캐럴을 부르며, 내년을 기약하는 일. 뉘른베르크에서 데려온 마음에게 시키고 싶은 일이 생겼다. 창문에 입김으로 그린 그림처럼 금방 사라질지라도 괜찮은. ‡넝쿨‡

[명사] 독일의 바이에른주에 있는 상공업 도시. 바이에른주 북부의 경제·문화의 중심지로, 중세부터 상업 도시로서 발전하였고, 옛 성·교회 따위의 건축물이 잘 보존되어 있다.

다이어리◇단추 수집가◇담요◇대관람차◇동지죽
동짓날◇뒷산◇딸기◇뜨개질

다이어리

찬 공기가 코끝을 스칠 때쯤이면 나의 눈이 바빠지는 시기가 온다. 온라인과 오프라인을 모두 돌며 내년에 사용할 다이어리를 찾기 시작한다. 먼슬리, 위클리, 날짜형, 만년형 온갖 형태를 비교하며 내년에 쓸 다이어리를 준비한다. 어떤 색이 좋을지, 어떤 종이가 좋을지 여러 조건을 나열하고는 이것저것 펼쳐보며 비교한다. 그렇게 1년을 함께할 다이어리를 고른다.

처음부터 새 다이어리를 고르는 데 열과 성을 다한 것은 아니다. 그저 문구가 좋아 매해 예쁜 디자인, 희소성 있어 보이는 컬래버레이션 제품 등 보이는 것에 중점을 두고 구매했다. 함께 쓸 펜까지 구매하는 것은 덤이다. 신상 다이어리는 신년, 새 학기가 지나고 나면 가치가 떨어진다. 나의 관심도 같이 떨어진다. 상반기를 채 버티지 못하고, 그해 다이어리는 책꽂이 구석행이다.

그저 외관만 보고 구매했던 다이어리는 이제 나를 돌보는 방법이 되었다. 내가 보낸 하루는 어땠는지, 부족한 게 무엇인지, 또 좋아하는 것은 무엇인지 다이어리를 통해 알 수 있다. 나를 이해하는 과정이자 변화와 성장의 기록이다. 그 기록이 가득 적힌 다이어리는 나만의 세계가 되어 나를 알아가고, 사랑하고, 표현하는 방식이 된다. 이제 나에게 다이어리는 예쁜 외관보다 하루하루의 기록이 더 중요해졌다.

그러니 연말에 설레는 마음으로 준비한 이 다이어리 한 권은 내년을 잘 부탁한다는 의미에서 올해의 내가 내년의 나에게 전하는 작은 선물이다. 다가올 내년의 시간을 한 칸 한 칸 잘 채워갔으면 하는 마음을 담아 소중한 한 권을 선물한다. 올해 고심 끝에 고른 다이어리 한 권에도 내년의 시간이 가득 담기길 소망해본다. 이왕이면 행복의 내용으로 말이다. ‡다린‡

뜻
[명사] 한 장 한 장 넘기면서 날짜별로 간단한 메모를 할 수 있도록 종이를 묶어 놓은 것. 흔히 사무용으로 이용한다.

단추 수집가

길에 떨어진 동전은 외면해도 단추는 꼭 줍는다. 여미고 채울 것들이 많은 계절이어서일까. 겨울에는 유독 떨어진 단추가 자주 보인다. 셔츠에 다는 플랫 단추가 대부분이지만 가끔 진주나 큐빅으로 장식된 보석 단추를 줍는 횡재도 한다. 작고 소박한 모양의 단추부터 크고 화려한 단추까지, 단추라면 무조건 주머니에 넣고 보는 나는 단추 수집가다.

단추는 소재와 만듦새, 기능용과 장식용, 만든 시기 등에 따라 여러 종류로 나뉜다. 기계로 대량 생산을 하기 전까지 단추는 수공예품으로 청동이나 보석, 짐승의 뿔로 만드는 고가품이었다. 로마 시대의 귀족들은 귀금속 소재의 단추를 치렁치렁 달고 다니다 하나씩 떼서 비상금으로 사용했다. 여성복의 단추가 왼쪽에 달린 이유는 귀족 여성의 단추를 주로 시녀들이 채워주던 관습의 영향이다. 단추의 기원은 B.C. 6000년 전 고대 이집트 시대라고 하니 단추에 얽힌 역사적·문화적 이야기는 그만큼 무궁무진하겠다.

단추는 집 안에서 주로 발견되는데 어떤 단추는 어디서 온 것인지 영영 알지 못한다. 반대로 단추가 떨어져 나간 옷에 외로이 남은 실밥을 정리하며 단추의 행방을

궁금해하기도 한다. 자유로운 영혼이 깃든 것이겠지. 단추의 이탈을 단추 스스로 결정한 것이라 여긴다. 눈 밝은 단추 수집가에게 발견되기까지 신나는 모험을 계속하기를.

　단추를 모아두는 작은 유리병에는 각양각색의 모양과 재질을 뽐내는 단추들이 있다. 포장지도 뜯지 않은 대여섯 개씩 같은 모양으로 구매한 단추들과 새로 산 옷에 여분으로 딸려 온 단추들은 따로 보관한다. 우연히 발견하거나 낡은 옷에서 떼놓은 단추들만 유리병에 둔다. 화려한 모양의 단추보다는 어딘가 좀 해지고 못생긴 단추에 더 정이 간다. 유리병 속 단추에는 제각각 사연이 담겨 있다. 그중에는 겨울의 기억 버튼을 꾹 눌러주는 단추도 있다. 베이지색 모직 코트에서 떼놓은 주황색 인조가죽으로 만든 싸개 단추다. 어느 겨울을 기념하기 위해 내가 내게 선물한 그 코트를 참 좋아했다. 특별한 날에는 방한 기능이 약해도 꼭 그 코트를 입었다. 단추를 단단히 채우고 길을 나서면 좋은 일이 생길 것 같아 설레었다. 10년을 넘게 입고도 장롱 속에 한참을 간직하다 단추만 남기고 보내줬다. 단추를 만지면 그 시간의 온기가 고스란히 떠오른다.

　온갖 기념일이 존재하듯이 '단추의 날'도 있다. 미국 단추 협회가 1938년 설립을 기념하며 제정한 11월 16일

(일본 단추의 날은 11월 22일)로 우리나라에 첫눈이 내릴 즈음이다. 곳곳에 숨어 있는 단추 수집가들과 한자리에 모여 각자가 지닌 단추의 시간에 대해 말해본다면 어떨까. 둘러앉아 옷에 예쁜 단추를 새로 달며 두런두런 얘기 나누는 시간. 헤어질 때는 서로 아끼는 단추 한 개씩 주고받는 것으로 그 시간을 기념하는 것도 근사하겠다.‡유실‡

🟥
[신조어, 명사] 단추를 수집하는 사람. 단추의 시간을 기억하는 사람.

담요

초겨울이 되면 엄마는 늘 내게 담요를 꺼내 덮어준다. 거실이나 방바닥에서 얇은 이불 한 장을 덮고 곤히 자는 나를 보곤 "이놈의 자식. 춥게"라는 기분 좋은 잔소리와 함께, 옷장에서 담요 한 장을 꺼내 이불 밖으로 삐져나온 내 발을 포근히 감싼다. 엄마에게 담요는, 또 길고양이들을 위한 것. 10월 말부터 해진 이불이나 솜, 목도리나 담요를 차곡차곡 모아 상자로 급하게 만든 길고양이 급식소 안에 넣곤 한다. "이거 안 쓰지?" "이거 안 입지?" 이맘때 엄마에게 자주 듣는 말. 작아서 못 입게 된 니트, 보풀이 심한 기모 티셔츠 등. 엄마는 그런 것들을 끌어모은다. 또 엄마에게 담요는, 정작 본인이 겨울에 덮는 이불. 소파에서 쪽잠을 자며 대충 덮는 용도. 들릴 듯 말 듯한 텔레비전의 소리를 벗 삼아 잠든 엄마의 하반신은 담요로 대충 덮여 있다. 그럴 때마다 나는 옷장에서 두꺼운 솜이불을 꺼내 엄마의 얼굴 절반까지 덮는다. "좀 덮고 자지! 춥게!" 엄마가 내게 그랬던 것처럼. 그럴 때면 엄마의 엄마가 된 것 같다.‡능소화‡

뜻

[명사] 순수한 털이나 털에 솜을 섞은 것을 굵게 짜든가 두껍게 눌러서 만든 요.

대관람차

나는 대관람차가 정말 좋다. 정확히는 대관람차가 차지한 풍경을 보는 일이. 런던아이, 속초아이, 코스모클락21 등. 한번은 코스모클락21이 너무 멋져서 도쿄 여행 4박 5일 중 이틀을 요코하마에만 머무르던 때도 있었다. 식당에서 밥을 먹으며 보고, 벤치에 앉아 커피를 마시며도 보고, 흔들리며 돌아가는 놀이기구와 알아듣지 못하는 J-POP이 흐르는 아이스크림 가게 앞에 우두커니 서서, 중앙에서 가장자리로 현란히 뻗어 나가는 불빛을 넋 놓고 바라보기만 하였다. 산, 타워, 비행기처럼 대관람차 또한 내게 너무도 큰 존재처럼 느껴져서, 그저 바라보는 것으로 마음이 단단하게 무너질 수 있었다. 그것도 아주 안전하게. 허물어진다는 느낌이 아닌, 처음부터 무너져야 했던 것처럼, 어차피 다시 일어날 수 있으니까 하는 낭만적 확신과 합리화와 착각을 일으키는. 대관람차 같은 사람을 만나고 싶다. 이렇게 말하면 모두가 날 이상하게 보겠지? 이성과 감성이 모두 혼재된, 나를 언제든 허물었다가 반듯이 일으키는, 적당한 거리감으로 나를 완전히 안심시키는 그런 사람. ‡능소화‡

뜻

[명사] 바퀴 모양의 둘레에 두 명이나 세 명이 앉을 수 있는 작은 공간을 여러 개 만들어, 먼 곳을 바라볼 수 있도록 한, 거대한 회전식 놀이기구.

동지죽

동지冬至는 한 해 중 밤이 가장 긴 날이다. 동지에는 새알심을 넣은 팥죽을 먹는다. 붉은팥은 귀신을 쫓아내는 힘이 있다고 한다. 새알심의 개수는 나이대로 넣는다는 설이 있다. 어린 시절에는 동지죽을 많이도 먹었다. 눈사람을 만들거나 썰매를 타고 놀아서 꽁꽁 얼었을 때 동지죽을 먹으면 속이 따뜻해진다. 설탕을 듬뿍 넣으면 좋다. 김장 김치를 쭉쭉 찢어서 곁들여 먹으면 목이 메지 않고 얹히지도 않는다. 동치미가 있다면 금상첨화이다. 따뜻한 동지죽은 옛날 우리 민족의 소울푸드였다고 할 수 있다. 식은 동지죽도 그 나름의 매력이 있다. 동지죽은 식으면 팥물이 굳는다. 새알심은 딴딴해진다. 청승맞은 분위기를 내고 싶을 땐 식은 동지죽을 혼자서 먹으면 된다. 식은 동지죽을 다시 끓이면 새알은 흐물흐물해지고 팥물은 찹쌀이 풀리면서 더 텁텁해진다. 새알이 사라진 동지죽은 왠지 다 먹게 된다. 살이 안 찔 것 같은 기분이 든다. 붉은 스웨터를 입어도 마음의 붉음이 부족할 때면 동지죽 생각이 난다. 동지죽을 동지에만 먹으라는 법은 없다. 붕어빵이나 호빵으로도 달랠 수 없는 길고 긴 밤의 쪼가리가 마음속에서 펄럭일 때 새알심 넣은 팥죽 생각이 난다.‡장이지‡

뜻

[명사] 동짓날에 찹쌀 새알심을 넣고 쑤어 먹는 팥죽. 액을 막고 잡귀를 쫓는다고 하여 대문에도 뿌린다.

동짓날

동지는 밤이 가장 길다는 절기이자 작은 설이라고도 불린다. 동짓날이면 팥죽을 챙겨 먹곤 했었다. 엄마가 정성스럽게 쑨 팥죽을 먹을 때마다 "팥빙수의 팥이 아니잖아!" 하고 모조리 남겨 엄마를 속상하게 하면, 엄마는 부엌에서 팥빙수에 들어가는 팥으로 만든 팥죽이라며 몰래 설탕을 잔뜩 부어 와 다시 줬다. 그 달콤함을 잊을 수가 없다. 어린 날의 나는 꼭 귀신 같았다. 진짜 팥은 싫어하고 설탕에 졸여진 가짜 팥만 물씬 나게 좋아했던 귀신의 나날들. 나쁜 기운을 씻어준다는 미신 때문인지 팥죽을 먹을 땐 자연스레 경건해진다. 그리고 성인이 되어서는 팥죽을 챙겨 먹는 일도 드물어졌다. 어느 날 회사 일로 만난 사람이 가방에서 짜 먹는 팥죽 파우치를 건네준 적 있었다. "오늘 동지래요." 그 단정하고 짧은 한마디가 손난로처럼 따뜻하게 전해진 날이 있었다. 옛날 시대에는 동지 전에 새해 달력 인쇄를 마치는 전례가 있었다고 하니, 작은 설이라는 명칭이 어색하지가 않다. 고려 후기의 학자 이색(1328~1396)은 시에 팥죽을 이렇게 남기기도 했다. "올해 이 시절 또한 지난해처럼 좋아서今年比似前年好금년비사전년호 유지방 같은 팥죽이 푸른 사발에 한가득 豆粥如酥翠鉢深두죽여소취발심." 지난해처럼 좋다는 말이 건네는 넉넉함은 팥죽에게서 느껴봄 직하다. 그러나 동짓날에는 슬피 우는 귀신 생각을 빼놓을 수 없다. 나쁜 액운을 먹고 살아가는 떠돌이 귀신들과 붉은 팥죽에 살아갈 힘을 얻는 사람들이 보내는 가장 긴 겨울밤. 동짓날에 일부러 찾아가고 싶은 팥죽 파는 곳 한 군데쯤 알고 있는 사람이 되고 싶다.‡넝쿨‡

뜻
[명사] 동지가 되는 날.

뒷산

12월이라고 해서 크게 달라지는 것은 없다. 조금 더 분주한 거리와 떠들썩한 대화만이 눈빛을 부유할 뿐. 12월은 끝도 시작도 아니다. 연말도 아니고 사랑도 아니다. 단지 12월은 조용히 뒷산을 구를 뿐. 나의 윤곽을 넓히는 펑퍼짐한 뒷산. 이곳에 눈이 내리면 너무 하얘져서 나는 조용히 눈을 감아야 한다. 오늘도 올라갔다 내려올 수는 없겠구나. 이번 달은 저 뒷산을 그저 바라보면서 많은 시간을 보내야겠구나. 이 끈질긴 낙오, 살면서 영영 놓지 못하겠구나.

달이 바뀌는 첫날에는 습관처럼 속으로 말한다. 10월이구나, 11월이구나, 12월이구나…… 나는 언제쯤 이 습관을 멈출 수 있을까. 왜 자꾸 내 몸에 반복되는 날짜를 기입하는지 모르겠지만 이런 식으로 맞은 초겨울에는 언제나 함박눈이 내렸고 입김을 오래 붙들 수 있었다. 특별히 뭐 대단한 다짐을 하려는 것도 아니고 겨울 특유의 어둡고 알싸한 분위기를 빌려 지나친 감상에 젖으려는 것도 아니다. 그냥 이렇게 시간이 흐르고 있음을 감지하는 사람이 되고 싶을 뿐. 계속 말을 하면, 감각할 수 있으니까. 말이라도 하지 않으면 멍하니 흘러가버리는 게 시간이니까.

아버지가 권고사직을 받았던 어느 해 겨울이 생각난다. 올해 다가오는 겨울을 아버지는 어떤 마음으로 기다리고 있을까. 아버지에겐 아직 사람들과 일하고 함께 밥 먹고 각자 사는 이야기를 나눌 일터가 없다. 그러니 주변에 동료도 없다. 아버지가 겨울에 대항하여 보여주는 호수비. 나는 아버지가 겨울을 잘 막고 받아내기를 바라고 있다. 이제는 일하지 않아도 괜찮아요, 푹 쉬시고 어머니와 자주 여행을 떠날 나이잖아요, 속으로만 생각하고 말을 꺼내지는 못한다. 일하고 싶어. 꾸준히 이력서를 넣어보고 있어. 아버지는 그렇게 말하며 이 추운 겨울에도 찬물을 고집한다. 티브이를 틀고 아, 야구가 끝나서 이제 볼 게 없네, 소파에 앉은 아버지가 작은 쿠션 하나를 끌어안는다. 오랫동안 혼자였겠구나, 그런 생각이 문득 드는 건 왜일까. 혼자는 얼마나 혼자였을까, 이런 표현은 어떤 시에서 읽은 것 같기도 하고.

내일 아침 부지런히 나 '혼자' 뒷산에 산책이나 할 겸 좀 갔다 오겠다고 했더니 옆에 있던 누나가 산은 혼자 가는 게 아니라고 했다. 산은, 산은, 산은. 혼자. 가는 게 아니라고. 그러니 누군가 함께 있어야만 오르내릴 수 있는 곳. 그렇다면 오늘은 그저 가지 못하는 뒷산을 바라보며 혼자서 혼자라는 말을 더 감당해야 한다. 혼자는 함께였던 적이 있어서 그 시간을 오래 기억하기 때문에 외로운 것. 혼자가 처음부터 혼자였다면. 완벽하게 혼자일 수 있었다면. 하지만 세계는 혼자일 수 없다. 태어날 때부터 울려 퍼지는 울음으로부터 도망칠 수 있는 혼자는 아무도 없다. 그 울음을 목격한 이들이 여전히 나와 함께 세상과 등을 맞대고 있다. 겨울은 세상과 차갑게 접촉하는 자세를 알려주려는 듯 온 거리를 흰자위로 덮어버린다. 나는 정신이 아득해지면서 그 무엇과도 눈을 맞추지 못한다. 세상과 등을 맞대고 있으니 언제고 세상을 등질 수 있다. 그 사실이 내겐 아직 초연한 진실이 아니라 부정하고 싶은 부조리극 같다.

올겨울에도 뒷산에 올라가진 못할 것이다. 땅이 꽁꽁 얼어버리기라도 한다면 더더욱 그럴 것이다. 많이 미

끄러울 테니까. 하지만 올라가지 못하는 이유에는 그것 말고도 여러 가지가 있다. 겨울에는 혼자에 실패한 사람들이 거리를 떠돌아다닌다. 어쩌면 외로움은 그때부터 시작된다. 내가 누구와도 만날 수 없어서가 아니라 누구든지 만날 수 있어서 외로워지는, 이 세상의 복판이 전부 뒷산에 묻혀 있기라도 하듯, 겨울만 오면 괜히 뒷산을 바라볼 따름이다.

유리잔에 맺힌 물방울 하나가 빠르게 바닥으로 떨어진다. 물방울이 넓어진다. 주름진 목구멍을 타고 흐르는 물은 더 이상 목소리를 바꾸지 않는다. 이번 겨울이 우리 가족에게 권고하는 것을 잘 들어야겠지. 우리는 살아남기 좋은 울음을 가졌지. 뒷산이 꼭 뒤에 있는 것만은 아니지. 그랬지. ♯낙서♯

뜻

[명사] 마을이나 집 뒤쪽에 있는 산.

딸기

싱그럽고 향긋한 과일이라고 여기던 딸기가 언제부터인가 슬픔의 대명사가 되었다. 마음이 무너질 듯 헤아려지지 않던 어느 겨울에는 열심히 딸기를 먹었다. 딸기로 살아감을 증명하는 것처럼. 제철 과일을 챙겨 먹으면서 아직 무너지지 않았음을 홀로 실감하고, 홀로 견디던 날에 집에는 짓물러 가는 딸기 향이 가득했다. 여름에 수박을 먹고, 가을에 단감을 먹을 때와는 다른 기분이었다.

굴처럼 어둡고 깊은 방 안에 홀로 씻어온 딸기를 먹으며, 꼭지를 그릇 한쪽에 쌓아두면서 짓물러 가는 마음과 다른 감각을 느끼고 싶어 했는지도 모르겠다. 겨울이 되면 과일 가게를 서성이며 비싼 딸기를 냉큼 사 오기도 한다. 겨울이 끝날 무렵에는 아쉬운 마음에 끝물 딸기를 사 와 잼을 만들어 먹거나, 믹서기로 갈아 마시기도 한다.

딸기는 살아 있다는 생각. 겨울에 홀로 켜는 빨간 전구.‡넝쿨‡

뜻

[명사] 장미과 딸기속, 거문딸기속, 뱀딸기속 및 나무딸기속의 일부를 포함하는 식물을 통틀어 이르는 말. 보통은 딸기속 식물을 가리키며 열매는 식용하는 것이 많다.

뜨개질

* 나의 첫 뜨개질 선생님은 할머니셨다. 첫 코를 잡을 때마다 할머니 생각을 하게 된다. 삼촌의 붉은색 스웨터를 풀어서 내 옷을 떠주셨던 그 겨울, 할머니는 나의 온 세상이었다. 밤새 흰 눈이 댓돌을 다 덮도록 쌓여도 나는 할머니 품에서 절절 끓는 사랑을 받았다. 뜨개가 나에게 언제나 위안을 주는 이유. 할머니, 나도 이제 잘할 수 있는데. 할머니 옷 한 벌 떠 드릴 수 있다면 좋겠는데.

* 아름답다는 말로는 모자라, 이 안에는 형언할 수 없는 시간의 무늬가 담겨 있다. 뜨개로 만든 옷을 보면 내가 그걸 뜨던 시간의 감정이 고스란히 떠오른다. 생각이 깊어 병이 될까 두려운 시간을 견디기 위해 뜨개를 시작했다. 나의 고뇌가 그렇게라도 직조되어 손에 쥐어지면 그것을 붙들고 울 수 있었다. 처음 만든 편물들은 대체로 헐겁고 볼품없는 것이었지만 손바닥만한 것이라도 나의 쓸모를 확인하기에는 충분했다. 쉽게 버릴 수 없어 모두 서랍에 쌓아두고 산다. 언젠가는 그 조각들을 다 이어 붙여 커다란 담요를 만들 계획을 안고서. 뜨개질은 나를 위한 몰입이다. 하나도 버리지 않고 아름다운 완성을 향해 앞으로 천천히 나

아가는 시간. 마무리 실을 정리하고 그것을 펼쳐 들고 작게 환호하는 순간을 사랑하게 되었다. 이제 뜨개질을 하며 더는 괴롭지 않다. 나에게 상을 주듯 마음이 편안한 시간을 넉넉히 내어 뜨개질한다. 제법 도안도 볼 줄 알고 마음에 드는 뜨개 도구도 갖췄다. 겨울 뜨개와 여름 뜨개의 재미도 각각 맛보았고 공들여 뜬 옷을 소중한 사람들에게 선물하는 기쁨도 안다. 당신도 이 즐거움을 알 수 있다면 좋을 텐데. 한 번쯤 뜨개를 해보길 권하고 싶다. 바늘은 자꾸만 손끝을 찌르고 도안은 이국의 언어처럼 낯설겠지만 몇 가지 규칙만 알고 조금만 연습하면 그것은 어느새 당신 생활의 리듬이 될 것이다. 부지런히 손을 움직이며 시간을 건너다 보면 당신 무릎 위에 보드랍고 따뜻한 세계가 펼쳐질 것인데, 그것은 매우 중독적이다.

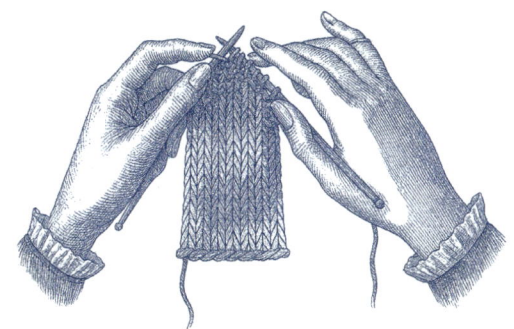

* 언젠가는 우리 같이 둘러앉아 각자의 뜨개를 하며 얘기 나눌 수 있겠지. 밖은 유독 춥고 안은 따뜻한 그런 날. 당신이 원한다면 나는 기꺼이 당신의 이야기를 오래 들어줄 수 있다. 또한 오래 기억할 것이다. 우리가 나눈 이야기가 그날의 뜨개에 그대로 깃들어 언제까지나 우리를 감싸줄 테니까.
* 이 세계에는 '푸르시오'라는 주문이 있다. 자세한 설명은 이 사전에서는 다루지 않기로 한다.‡유실‡

뜻

[명사] 옷이나 장갑 따위를 실이나 털실로 떠서 만드는 일.

라디오 ◊ 라면 ◊ 러브레터 ◊ 렛잇꼬우 ◊ 리본

라디오

긴긴 겨울밤 아무도 혼자 있지 말라고 라디오는 발명된 것일까. 공부한다는 핑계로 책상에 앉아 라디오를 듣다가 졸음이 쏟아지면 라디오를 끌어안고 내려와 머리맡에 두고 잠들었다. 라디오에서 나오는 음악의 제목을 수첩에 받아 적던, 개봉 엽서에 사연을 적어 보내면 라디오 진행자가 읽어주던 시절의 이야기다. 밤새 잠든 아이를 지켜주는 수호천사처럼 라디오는 꺼지지 않고 세상의 이야기를 들려줬다. 그리고 자꾸만 질문을 던지는 것이다. 한낮을 건너온 사람들에게 오늘 하루는 어땠냐고, 누가 당신을 웃게 했냐고, 먹고사는 일은 여전하고 무탈하냐고, 혹시 오늘 많이 힘든 일이 있었다면 이 노래 듣고 훌훌 털어버리라고. "Let it snow~ Let it snow~ Let it snow~" 하는 노래들을 들려주며 지금 창밖에 눈이 온다고 진행자가 말하면 꿈속에서도 눈이 내렸다. 내 방 안에 흰 눈이 자꾸 내리는데, 하나 이상하지도 춥지도 않은 그런 다디단 꿈을 라디오는 꾸게 했다. ‡유실‡

뜻

[명사] 방송국에서 보낸 전파를 수신하여 음성으로 바꿔주는 기계 장치.

라면

칼바람을 맞으며 집으로 돌아갈 때부터 라면 생각을 한다. 가장 빠르게 당도할 수 있는 온기의 최단 경로라고 여기면서. 집에 라면이 있었던가? 그 라면에 계란을 푸는 것이 어울렸던가? 속으로 생각하며 이미 라면을 먹은 것 같은 기분이 들 때, 집에 도착해 물을 올리고 무거웠던 외투를 훌훌 벗는다. 라면은 가장 기본적인 것이 맛있다며 봉지에 적혀 있는 조리법대로 충실히 끓인다. 때로는 집이니까 추가 금액 없이도 냉장고만 열면 떡라면이 되고 콩나물라면이 되고 만두라면이 되기도 하지만. 바깥과 라면이 내뿜는 수증기의 온도 차가 커서 부엌 근처에 나 있는 창문에 김이 서린다. 안경에 낀 김은 어찌할 수가 없어 희뿌연 시야로 라면을 끓인다. 그래도 잘 끓일 수 있는 것은 라면에 새겨져 있는 삶의 리듬 때문일지도 모르겠다. 라면은 먹고 싶다고 생각할 때가 가장 맛있고, 그다음은 처음 먹었을 때. 그 이후로 라면에 대한 마음은 빠르게 낙하한다. 물론 어떤 김치를 만나느냐에 따라서 달라질 수도 있다. 라면에는 정말 많은 종류가 있고, 새로운 것이 나올 때마다 먹어보지만 결국에 돌아오는 자기만의 라면이 있다. 겨울이 되면 "무슨 라면 좋아해요?"라고 물어보고, 돌아오는 대답의 라면에 대해 떠들기를 좋아한다. 국물은 남기는 사람, 면만 먹는 사람, 밥을 말아 먹는 사람, 한 번에 두 봉을 끓이는 사람, 꼭 냄비 뚜껑에다가 먹는 사람, 부스러기는 생으로 먹어보는 사람. 건조하게 포장된 라면은 어느 순간 푸근하고 뜨거운 것이 된다. 그 과정엔 라면을 생각하느라 발걸음을 빠르게 옮기는 사람들이 있고, 라면을 다 먹은 뒤 살찔까봐 제자리걸음으로 움직이는 시늉을 하는 사람도 있다. 누군가 끓여준 라면을 좋아했던 사람도 있고, 매운 것을 잘 못 먹는 이를 위해 특별히 넣는 레시피를 간직한 사람도 있고, 뺏어 먹거나 나누어 먹을 때 라면이 제일 맛있다는 것을 아는 사람도 있다. 구불구불 라면 속에 많은 사람이 있다.‡넝쿨‡

[명사] 국수를 증기로 익히고 기름에 튀겨서 말린 즉석식품. 가루수프를 따로 넣는다.

러브레터

겨울이 되면 영화 〈러브레터〉를 꼭 본다. 정확히는 〈러브레터〉의 사운드트랙 앨범을 계속 반복해서 듣는다. 제일 좋아하는 트랙은 〈His Smile〉과 〈A Winter Story〉. 눈 위로 살포시 내딛는 그 발걸음, 발자취를 생각하게 되는 곡. 멜로디와 함께 차갑기만 한 겨울 공기에 언젠가 단숨에 떠올려버린 누군가의 미소가, 특히 겨울에는 그런 풍경들이 자주 생각이 난다.

인생 영화가 무엇이냐는 질문을 받을 때마다 〈러브레터〉를 꼭 빼놓지 않고 말하는데, 내게 인생 영화가 될 수 있는 마침표는 영화의 사운드트랙을 들음으로써 완성되는 것 같다. 멜로디를 마심으로써 비로소 영화 속 장면을 나의 이야기에 대입할 수 있게 된다. 흰 눈처럼 계속 내리고 뭉쳐지는.

"러브레터가 그거죠? 그 오겡키데스까 하면서 외치는." 열이면 열 다 그렇게 말하는데. 나는 오겡키데스까로만 기억한단 말을 들을 때마다 조금 아쉽다. 물론 임팩트 있는 장면이긴 하지만. "저는 그 장면이 좋았어요. 학창 시절 남녀 두 주인공이 자전거를 타고 가면서 장난삼아 얼굴에 종이 봉투를 씌워주는." 일적인 자리에서 처음 만난 한 작가는 내게 그렇게 말하면서 흐뭇한 미소를 지

었다. "저도요! 저도 그 장면을 가장 좋아해요!" 올겨울 〈러브레터〉 이야기할 사람들 찾아요!‡능소화‡

뜻

[명사] 일본 영화 감독 이와이 슌지가 직접 쓴 동명 소설을 원작으로 연출한 1995년 일본 영화.

렛잇꼬우

아이가 "렛잇꼬우! 렛잇꼬우!" 노래하며 온 집 안을 스케이트 타듯 휘젓고 다니면 정말 그냥 내버려둘 수밖에 없다. 렛잇꼬우의 흥은 쉽게 사그라지지 않는다.

아이는 영화 〈겨울왕국〉을 좋아한다. "두 유 워너 빌드 어 스노우맨?" 하고 엘사를 찾았다가 끝내 소득 없이 돌아서는 장면에서 아이는 안나의 마음으로 "오케이, 바이" 하며 시무룩해진다. 엘사가 절벽 위에 얼음 왕국을 만들며 렛잇고를 부를 때는 사뭇 진지한 표정을 지었다가 가장 좋아하는 캐릭터 울라프가 "인썸머~" 노래하면 깔깔 웃었다. 얼음장수 크리스토프와 그의 반려 순록 스벤 그리고 밉상 한스까지 왕자님이라고 존중하며, 아이는 영화 속 모든 캐릭터를 좋아했다. 그러나 〈겨울왕국 2〉를 개봉관에서 보던 여섯 살 겨울에는 영화를 보다가 중간에 뛰쳐나오고 말았다. 엘사의 내면을 깨우는 신비로운 목소리, 아아아아- 아아아아- 하는 소리가 거듭될수록 겁이 많은 아이는 견딜 수 없었다. 무서워 무서워 하며 울먹이는 아이를 꼭 안아주며 자꾸만 터지려는 웃음을 간신히 참았다. 그날의 일을 마음껏 놀릴 수 있는 날은 언제 오려나. ♣유실♣

뜻

[신조어, 감탄사] 애니메이션 〈겨울왕국〉의 주제가 〈Let It Go〉를 듣고 배운 아이의 입말로, 본래의 뜻과 무관하게 주로 신이 날 때 외치는 말로 쓰임.

리본

리본은 대상을 특별하게 만드는 능력이 있다. 단지 끈으로 매듭을 지어 한 번 묶었을 뿐인데. 리본으로 묶인 대상은 어느 순간 평범한 의미에서 벗어나 새로운 의미를 지니게 된다. 그 의미는 선물을 주고받는 이들에게만 속하는 서사에 힌트가 있을 것이다. 리본이 겨울과 잘 어울린다는 감각이 느껴지는 것은 왜일까. 겨울에 리본으로 잘 묶여 포장된 선물을 주고받은 기억이 더 많아서 그런가. 무채색에 가까워 보이는 겨울에 형형색색 리본이 달린 선물들이 거리를 거니는 모습을 생각해보면 어떤가. 겨울에 꼭 필요한 색감이자 매듭. 겨울은 무얼 묶는 시간보다는 푸는 시간인 것 같아서. 이제 여기까지만 하고 다음으로 넘어가자. 그만하면 됐어. 또 만나자. 그런 말들이 계속 부유하는 것 같아서. 리본으로도 묶이지 않는 마음이 여전히 많겠지. 리본을 거부하는 선물도 있겠지. 리본도 리본을 기다리고 있을까. 리본은 무슨 리본으로 묶어야 하지. ‡낙서‡

뜻
[명사] 끈이나 띠 모양의 물건을 통틀어 이르는 말. 머리, 모자, 선물, 훈장 따위의 장식에 쓴다.

ㅁ

마니토 ◇ 만두 ◇ 먼지 ◇ 목도리 ◇ 목욕탕
무덤 ◇ 문산 ◇ 뭇국

마니토

나의 마니토에게,

거듭되는 제비뽑기에서 두 번이나 같은 이름을 뽑았을 때 운명이라 생각했어요. 회사에서 다 큰 어른끼리 연말마다 마니토를 하는 게 낯간지러운 일처럼 여겨지기도 합니다. 하지만 한 사람을 위해 줄 수 있는 것들을 생각하면서 저는 조금은 어려지고 착해지는 것 같아요. 마니토를 위한 선물은 뭐가 좋을지, 힌트라도 얻고 싶어 주변을 맴돌다가 혹시 들킬까봐 공연히 일 얘기만 하고는 자리로 돌아오죠. 누군가를 기쁘게 하려고 오래 생각하는 일은 사실 나를 위한 선물 같아요. 마음이 몽글몽글해지고 예쁜 편지지를 보면 마니토에게 줄 생각에 마음이 반짝여요.

나의 마니토 씨, 연말 회식에서 저의 정체가 밝혀졌을 때 부디 기쁘시길 바라요. 저는 그동안 멋지고 열정적인 나의 마니토 씨를 위해 오래오래 기억될 이 겨울의 땔감 같은 이야기들을 만들어볼게요. 오늘도 많이 웃고 행복하기를 바랍니다.

　아! 그런데 저의 마니토는 누구신가요?‡유실‡

뜻

[명사] 자신의 정체를 숨기고 편지나 선물을 제공하는 사람. 주로 제비뽑기를 통해 선정한다. 비밀 친구라는 뜻을 가진 이탈리아어에서 나온 말.

만두

1.

겨울 간식 중에 만두를 좋아한다. 어릴 땐 자주 냉동 만두를 먹었다. 특히 고향만두는 내가 생각하는 만두의 가장 기본적인 맛이 되었다. 커가면서 더 맛있는 만두를 맛볼 때마다 그 맛을 잊을 법도 했지만, 약간 어설프고 불량한, 그러나 간편하고 어릴 적 추억이 담겨 있는 고향만두를 자주 먹는다. 한동안 냉동만두를 먹지 않다가, 사다놓은 고향만두를 모처럼 전자레인지에 데웠다. 간장에 푹 담가 먹으면 딱딱한 만두피 사이로 뜨겁게 흐르는 육즙. 뜨거워서 입을 벌리고 먹을 때의 만두가 가장 맛있다. 게 눈 감추듯 금세 먹어 치우게 되는 만두는 어릴 때 누군가 밤잠을 깨우는 소리와도 같았다. 가끔 아빠가 군만두로 업그레이드를 해주던 밤에, 엄마가 만둣국으로 솜씨를 발휘하던 날에 만두는 사이좋은 음식이었다고 기억된다.‡넝쿨‡

2.

학원 앞 만둣가게는 만두를 낱개로도 팔았다. 만두 한 알에 250원. 학원을 오가는 잠깐의 시간을 이용해 만두 서너 알을 사 먹는 즐거움이 있었다. 투명하도록 얇은 피 안에 부추, 두부, 당면, 고기가 고루 들어간 만두 한 알을 얇게 썬 노란 단무지에 얹어서 입에 넣고 요리조리 굴리며 먹는 맛은 가히 일품이었다. 아삭하고 차가운 단무지의 시큼한 맛과 간간한 만두가 입안에서 섞이며 씹기에 딱 알맞은 온도가 만들어졌다. 후후 입김으로 식힌 만두를, 고춧가루와 식초 배합이 절묘한 간장에 콕 찍어 먹는 맛도 좋았다. 한입에 쏙 넣기에 알맞은 크기의 만두를 그때그때 빚어 쪄내는 그 집 만두는 언제나 인기가 많았다. 특히 겨울에는 가게도 만석이고 포장 손님도 많아서 늘 혼자인 나는 가게 앞을 서성이며 들어서길 망설였는데, 주인 부부는 나는 귀한 단골로 대접했다. 만두 한 알에 단무지 한 개씩 먹는 식습관을 기억하고 주문하는 만두 개수에 맞춰 단무지도 내어주고 따뜻한 보리차도 주었다. 덕분에 혼자 만두를 낱개로 사 먹는 게 전혀 부끄럽지 않았다.

그때 먹은 만두가 내 속에 무엇을 심어놓은 걸까. 겨울이면 그 골목을 추운 발로 걷던 기억이 떠오른다. 저기 만둣가게가 보이면 내 안에 따뜻한 기운이 퐁퐁 샘솟았다. 지금도 동네를 걷다 보면 그 만둣가게를 만날 수 있을 것 같다. 골목 모퉁이에 세 평 남짓한 크기의 만둣가게, 큰 솥 두 개를 내놓고 부지런히 만두를 쪄내던 풍경. 커다란 찜솥의 뚜껑을 열면 하얀 김이 일시에 피어나고, 맛 좋은 냄새를 풍기며 면포 위에 빼곡히 열 맞춰 놓인 촉촉하고 뽀얀 만두가 모습을 드러낸다. 절로 입맛을 다시며 공부의 고단함도, 생활의 곤궁도 잊고 마냥 행복하던 순간이었다. 열두 살에서 열세 살, 막 중학생이 되었던 그해 겨울, 내 안에 오래 자리하고 있는 희고 둥근 기억. 참 맛있고 따뜻했지, 하고 그 시절을 추억할 수 있는 맨 앞의 기억이 만두라서 참 고맙고, 다행이다.※유실※

뜻
[명사] 밀가루 따위를 반죽하여 소를 넣어 빚은 음식. 삶거나 찌거나 기름에 튀겨 조리하는데, 떡국에 넣기도 하고 국을 만들어 먹기도 한다.

먼지

추위를 맞이한 집은 언제나 은색 먼지가 무수하다. 때마침 꺼낸 스웨터와 폭닥한 차렵이불 때문일 수도 있다. 온도를 올린 보일러 덕에 보송한 공간이 더 부숭부숭해져서일지도 모른다. 털을 뿜어내는 시기가 돌아온 고양이는 기울어진 햇살을 다 맞이하는 탓에 걸음마다 반짝거린다. 늦게 찾아오는 아침을 이유로 따뜻한 방에서 일어나지 못한 나는 그 온갖 먼지와 함께 굴러다닌다. 굴락이나 꼼꼼히 떼어내는 게 제일의 부지런함일 거야, 이렇게 우주의 먼지가 되는 게 최고지 하면서. 겨우내 묵은 먼지는 봄에 걷어내겠다고 결심한다. 지금은 겨울이니까. ‡영영‡

뜻

[명사] 눈에 보이지 않을 정도로 작고 가벼운 티끌.

목도리

선물 받은 목도리가 목에서 떨어진다. 들어 올리자 발끝으로 밟고 있었던 탓에 털이 바닥에 올올히 풀어진다. 끊어져라, 제발 끊어지라고, 더 세게 잡아당기면. 어느새 목소리가 한없이 얇아지겠지. 목도리를 감아주면서. 이 목소리는 다른 목소리보다 길어서. 어떤 매듭이든 완성할 수 있어. 보풀이 절대 일어나지 않아. 만지면 고양이의 등을 쓰다듬는 기분이 들지. 이 목소리는 절대 끊어지지 않아. 귓속에서 흘러나오는 말들이 젖은 시간을 닦는다. 선물 받은 목소리는 색깔이 변하고 올이 상했지만 나를 부르는 목소리라는 점은 여전하다. 겨울에 목소리를 깜빡한 외출은 조금 춥고 쓸쓸하다. 낮고 잠잠한 호수에 갇힌 목소리를 얼어붙게 하진 않는다. 목에 평생 두르고 있는 목소리. 목도리를 감으면 목이 따뜻해지는 게 아니라 목소리가 따뜻해진다고 믿는 시절을 지난 이야기.‡낙서‡

뜻
[명사] 추위를 막기 위하여 목에 두르는 물건.

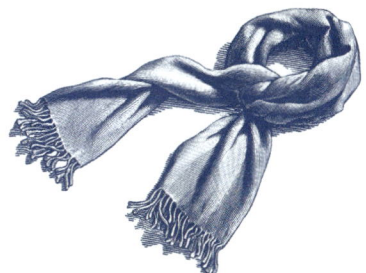

목욕탕

1. 30분 정도 바깥 산책을 한다.
2. 1을 하면서 겨울의 찬 공기를 흠뻑 맞고 온몸으로 추위를 세세히 느낀다.
3. 핸드폰은 집에 두고 간다.
4. 개인 물품(샴푸, 바디워시, 로션, 때밀이, 수건 등)은 따로 꼭 챙긴다.
5. 입장 후 뜨거운 물로 샤워를 한다. 머리 감기 필수. 사물함 열쇠는 왼쪽 발목에 찬다.
6. 냉탕에 먼저 들어간다. (10분 정도)
7. 온탕에 들어가서 약 4~50분간 생각을 정리한다.
   (고뇌와 번뇌 후회와 반성 등을……)
8. 사우나로 들어가서 5분 모래시계를 엎어놓고 호흡에 집중하며 땀을 쫙 뺀다. 못 버티겠을 땐 박수친다. (이러면 때가 잘 밀린다)
9. 때를 박박 민다. (싫어하는 사람이나 수치스러웠던 상황을 생각하며)
10. 때가 잘 안 밀린다 싶을 땐 다시 8을 반복한다.
11. 비누칠하고 머리 감고 뒷정리하고 나온다.
12. 아주머니들이 말 붙이면 넉살 좋게 스몰톡한다.
    (종종 계란 먹으라고 주시면 티브이 보면서 앉아까 먹는다)

13. 흰 우유 마시면서 두 뺨이 차가워지는 걸 느끼며 기분 좋게 집으로 온다.‡능소화‡

뜻
[명사] 목욕을 할 수 있도록 마련해 놓은 시설.

무덤

일곱 살 무렵 내가 만든 나의 첫 무덤. 눈사람 무덤. 저녁 내내 빚어낸 눈사람은 밤사이 산산조각 난 채 흩어져 있었다. 어린 나는 창밖을 바라보며 눈사람을 묻어주겠다고 홀로 약속하였다. 두꺼운 장갑을 끼고 밖으로 나와 부서진 눈덩이를 차곡히 쌓아서 흙으로 덮어주었던 날. 너를 잊지 않을게, 혼자 속삭이면서. 눈사람은 사라졌지만 눈사람 무덤은 마음에 영영 남아 지난날의 기억을 밝혀줄 것이었다.

잃어버린 시간이 삶 속에서 무덤이 되어갈 때면 눈사람 무덤을 떠올린다. 돌이킬 수 없는 일. 사라져버린 물건들. 이제는 만날 수 없는 사람들. 어쩌면 눈사람 무덤을 만들었던 그때 나는 슬픔에게 집을 지어주는 법을 배웠는지도 모른다. 눈송이로 만들어져 녹기도 얼기도 하는 새하얀 집. 까맣게 잊었다가도 더듬으면 만져지는 슬픔의 집을. ‡은호‡

뜻

[명사] 송장이나 유골을 땅에 묻어 놓은 곳. 흙으로 둥글게 쌓아 올리기도 하고 돌로 평평하게 만들기도 하는데, 대개 묘석을 세워 누구의 것인지 표시한다.

문산

문산을 떠올리면 아주 고약하고 냉정한 단어들이 먼저 생각난다. 동상, 한파, 얼음, 독감, 냉기, 우빙…… 한겨울 문산에서 목도리를 잃어버린 적 있다. 경의선 지하철에 몸을 싣고 문산으로 달렸던 날, 창밖으로 보이는 문산의 풍경은 가시처럼 차가웠다. 오래도록 그리워했던 그 사람을 길에서 나만 알아차렸을 때 그 느낌처럼. 목도리가 어디서 풀렸을까? 지하철을 기다리기 위해 잠깐 의자에 앉았었고, 편의점에서 김밥을 사 먹으면서 잠깐 풀었던 것 같다. 생각해보면 문산에는 늘 나 혼자 왔었는데, 늘 누군가가 옆에 있어 왔던 것 같다. 소식이 끊긴 친구나 그저 스쳐 지나간 사람과 단둘이 걷고 있는 것 같고, 먼저 떠난 반려견과 산책하고 있기도 하고, 문산역 앞의 허름한 와플 가게에서 한때 내게 와플을 좋아한다고 했던 사람과 와플 먹는 상상을 하기도 한다. 그렇게 많은 생각을 갖고 걸어 다니다 보면 어느새 두 발엔 감각이 없다.

그러고 나면 아무 카페나 들어가 편지를 쓰게 된다. 문산역에서만 쓴 편지가 이미 몇 통이나 있다.‡능소화‡

뜻
[명사] 경기도 파주시 문산읍 문산리에 있는 경의선의 철도역이자 수도권 전철 경의·중앙선의 전철역.

뭇국

* 몸이 아픈 날에는 나를 위해 뭇국을 끓인다. 채 썬 무로 고기 없이 끓이는 맑은 국물의 뭇국이다. 레시피도 간단해서 병자 스스로 만들어 먹기에 알맞다. 무를 적당한 두께로 채 썰어 참기름, 마늘, 조선간장으로 양념해 냄비에서 볶다가 육수를 붓고 폭폭 끓인다. 모자란 간은 새우젓이나 소금으로 더하고 파를 넣어 한소끔 더 끓여 먹는다. 마음의 궁기를 몰아내고 몸에 순한 기운을 불러준다.

* 시집에서 '투명해져가는 목숨들이 거기 누워 있었다'라는 시구를 읽고 한참이나 멍했다. 읽을 때마다 떠오르는 풍경은 제각각이지만 매번 목울대를 넘어가는 뜨거운 것이 느껴진다. 뭇국으로 시를 쓸 수 있다니. 어느 시간에 시인은 최초로 이 시구를 떠올렸을까. 고개를 숙이고 뭇국을 먹는 머리 위로 하얀 눈이 내리는 풍경이 떠오른다. 입은 무겁고 눈빛이 빛나는 사람들과 둘러앉아 순하디순한 얼굴로 뭇국을 먹었을까. 사람들 얼굴을 찬찬히 둘러보다 외따로이 무언가에 골몰한 사람의 표정을 하고 있었을까. 본 적 없고 그럴 리 없는 것들을 혼자 상상하며 몰래 보고 싶은 마음만 키운다. ‡유실‡

[명사] 무를 썰어 넣고 끓인 국.

발라드◇발자국◇밤◇방학식◇베개◇별
보고 싶다◇보리차◇보풀◇복도◇복층
붕어빵◇비둔하다

발라드

겨울밤에 늦은 저녁을 먹고 두 친구와 코인노래방에 갔다. 밤이 깊었으니까 한두 곡만 부르고 나올까 생각했지만 막상 들어오니 아쉬운 마음에 그럴 수는 없었다. 우리의 노래 취향은 제각각이었다. 힙합을 좋아하는 친구는 마이크 에코를 최대한 줄이고 볼륨은 높인 뒤 랩을 했다. 엄청 열심히 랩을 하는 목소리는 거의 파편처럼 벽에 튕기는 듯했다. 발라드를 좋아하는 친구는 다시 에코를 올렸다. 목소리가 여러 갈래로 흩어졌다. 원래 목소리 안에도 여러 목소리가 있다는 듯이 그랬다. 몇 개의 목소리가 겹치는지 알 수 없었다. 설상가상 힙합을 좋아하는 친구가 옆에서 혼자 꼭 쥐고 있던 마이크마저 뺏고 저질 화음을 넣어 발라드는 엉망진창이 되었다. 청승맞은 남자들의 찌질한 내력밖에 남지 않았다. 나는 무슨 노래를 부르면 좋을지 고민하면서 화면에 떠 있는 인기 차트를 쭉 훑었지만 아무 노래도 예약하지 못했다. 두 개의 마이크만 있던 방에서 나는 결국 아무 노래도 부르지 못하고 나왔다. 목소리가 있었는데도 그랬다. 밖에 나오니 북적거렸던 시내는 몇몇 취객들만 남은 채 사그라들고 있었다. 다음에는 이 친구들과 발라드만 부르고 싶었다. 아무래도 겨울은 발라드의 계절이기에. 사랑을 떠나보내기에 능숙한 계절이기에. 길이 매우 미끄러웠다.‡낙서‡

뜻
[명사] 대중음악에서, 사랑을 주제로 한 감상적인 노래.

발자국

코가 시린 새벽, 눈이 내려앉은 곳에 조심스레 발을 디딘다. 사박, 눈 위에 발자국이 남겨진다. 내가 나의 소리를 듣고 내가 나의 모양을 내려다본다. 마음 안에는 깨끗하고 흰 기쁨이 찾아온다.

눈은 계속 내려오고 있다. 작은 눈송이들이 내 발자국을 희미하게 덮는다. 여름 모래사장에 남겨진 발자국이 파도에 사라졌듯이 흰 눈 위에 남겨진 발자국도 곧 사라질 것이다.

봄으로 기우는 햇볕에 단단함과 미끄러움, 움츠림, 시린 코와 손이 녹아내린다. 여린 싹이 움트고 풀들이 솟아나는 땅엔 내 발자국이 남지 않는다. 나는 고양이처럼 소리도 모양도 없이 푹신한 봄을 거닌다. ‡김성라‡

뜻
[명사] 발로 밟은 자리에 남은 모양.

밤

* 온통 희고 환한 밤이 계속되는 백야의 나라에서 출발해 밤에서 밤으로 이어지는 극야의 나라로 도착하는 여행. 여정은 구체적이지 않아도 밤만 계속된다면 모든 것을 감내하겠다. 도착지의 모든 상점이 문을 닫아도, 추운 날들이 이어진대도 우리가 함께 있다면 즐거울 것이다. 운이 좋으면 오로라를 볼 수 있다. 하늘을 향해 난 창문이 있는 방을 얻어 오래 머물 수 있다.
* 반짝이는 것을 볼 때 그것을 극명하게 드러나게 하는 어둠을 보는 사람은 귀하다. 곧 사라질 섬광에 현혹되지 않도록 우리를 붙잡아 주는 것.
* 저녁이 무르익은 시간. 하늘은 일시에 어두워지고 도시의 골목은 아직 흰빛을 품고 있다. 밤의 문이 열리기 직전. 차가운 공기가 폐 깊숙이 스며들도록 들이마시며 어딘가를 걷고 있다면 나는 행운아. 하루 중 가장 좋아하는 시간. ‡유실‡

뜻
[명사] 해가 져서 어두워진 때부터 다음 날 해가 떠서 밝아지기 전까지의 동안.

방학식

겨울방학이 길다는 것에 위안 삼아, 그 시간의 안전함에 기대 고백을 하기로 했다. 집 근처 도서관에서 쭈그려 앉아 노트를 펴고 예행연습을 했다. ○○ 선배에게. 상대는 한 학년 위 선배였다. 편지를 전하고 나서 방학을 맞으면 된다. 버스정류장에서 이제 더는 마주칠 일 없으니까 설사 거절한다고 해도 두 달 동안은 내가 그를 정리할 수 있겠지, 하는 어린 확신으로. 많고 많은 자리를 놔두고 도서관 제일 구석의 차가운 대리석 바닥에 앉아 떨리는 손으로 편지를 적어 내려갔다. 손과 발, 엉덩이까지 차가웠다. 떨림 때문이었는지 난방이 잘 들지 않는 위치 때문이었는지. 오로지 따뜻했던 건 새하얀 백지 안을 점점 채워가는 검은 글자들. 내 연락처를 마지막에 적고 '기다릴게요'라는 말을 적었다. 두통과 함께 손에는 감각이 없었다. 심장은 미칠 듯이 뛰었다. 아직 편지를 전하지도 않앉는데. 도서관을 나와 집으로 걸어오면서 편지를 어떻게 전할지에 대한 생각보다 방학 동안 그를 어떻게 잊어야 할지 생각을 더 많이 했다. 그 당시에는 고백하는 마음보다 고백 이후의 마음을 다루는 것이 익숙했으므로. 다음 날 그의 반으로 찾아가 사물함에 편지를 잽싸게 놓고 내려왔다. 교실 뒷문으로 들어와 책상에 앉아 서랍 속 교과서를 정리하려고 손을 집어넣은 순간, 내게도 편지 하나가 놓여 있었다. 방학식에는 늘 발그레한 감각뿐이었다.‡능소화‡

뜻

[명사] 학교에서 학기를 마무리하고 방학을 시작하는 것을 기념하여 치르는 의식.

베개

차가운 베개는 건강에 좋다. 한의사들은 입을 모아 두한족열이 가장 이상적인 몸 상태라고 주장한다. 아무튼 머리는 차가운 것이 좋다. 그러므로 겨울의 베개가 여름의 베개보다 건강에 좋다고 생각하는 사람들이 많다. 슬프게도 이는 착각이다. 인간의 육체는 여름보다 겨울에 더 뜨겁다. 각종 장기가 추위를 버티기 위해 열을 발산하기 때문이다. 그 열을 식혀야 한다. 이것이 우리가 겨울에 냉면을 먹는 이유이기도 하다. 하지만 자면서 냉면을 먹을 수는 없는 일이다. 차가운 겨울 베개에 머리를 대고 기분 좋게 잠으로 향해도, 5분만 지나면 머리의 열로 인해 베개가 뜨거워지기 시작한다. 나는 겨울 새벽마다 내 건강이 나빠지는 것을 실시간으로 느낀다. 그렇다고 여름에 사용했던 얼음베개를 겨울에 사용할 수는 없는 일이다. 그건 겨울에 사용하기엔 너무 차가워서 오히려 몸에 해가 되기 때문이다. 뭐든지 적당한 것이 몸에 좋은 법이다. 하지만 겨울엔 그 무엇도 적당하지 않다. 특히 베개가 그렇다. ‡김승일‡

뜻

[명사] 잠을 자거나 누울 때에 머리를 괴는 물건.

별

근무지였던 대형 베이커리 카페는 대중교통으로 찾아가기 힘든 곳에 있었다. 마을버스를 타고 정류장에 내려 도보로 10분 정도 더 걸어가야 했던. 주변에는 식당 하나 없고 빈터와 집만 드문드문 있었다. 주 5일, 오전 8시까지 출근하여 작업복으로 갈아입고 그날그날의 재고를 파악한 후 만들어야 할 파이와 케이크 개수를 체크했다. 가장 먼저 파이 반죽을 만들어야 했고 2인 1조가 되어 오전 내내 열심히 오븐 앞을 왔다 갔다 했다. 오븐을 열 때마다 고소한 버터 향이 내게 안기듯 달려들었다. 그 훈훈한 향과 온기에 그해 겨울을 고소하게 보냈던 것 같다. 오후 5시 반쯤이 되어서야 퇴근 준비를 마치고, 카페를 빠져나와 정류장으로 걸어갔다. 배차 간격이 길었으므로 사람이 많이 지나다니는 역까지 걸었다. 걷다 문득 고개를 들었을 땐 건포도처럼 푸른, 멍든 하늘이 펼쳐져 있었고 그 틈으로 별이 보였다. 별을 보기 위해 귀까지 덮어 쓴 패딩 모자를 살짝 젖히고 마스크까지 내렸다. 드문드문 떠 있는 별들은 오늘 실수로 태워버린 커스터드 크림에 박힌 바닐라빈 같기도 했다. 그해는 별들에 투정과 반성과 감사와 회복의 이름을 갖다 붙이면서 종종걸음 없이 버티는 추위에 익숙해졌다. ‡능소화‡

뜻
[명사] 빛을 관측할 수 있는 천체 가운데 성운처럼 퍼지는 모양을 가진 천체를 제외한 모든 천체.

보고 싶다

K는 겨울만 되면 김범수의 〈보고 싶다〉를 부른다. '아무리 기다려도 난 못 가' 첫 구절부터 '미칠 듯 사랑했던 기억이-'를 지나 '죽을만큼 보고 싶다-'까지. 나와 함께일 때 시도 때도 없이 그 노래를 부르곤 했다. 운전할 때도 흥얼거리더니 카페에서 대화가 끊겼을 때도, 심야 영화를 보고 돌아오는 골목길에서도 작은 소리로. 그래서 이젠 찬 공기가 갑작스레 느껴지기라도 하면 이 노래의 멜로디가 함께 밀려온다. 한번은 코인노래방에서도 그 노래만 부르길래 "왜 이 노래만 불러?" 하고 물으니 〈겨울연가〉를 재밌게 봐서" 하며 무심하게 답하는 K.

 〈보고 싶다〉를 문득 듣고 싶어질 때가 있다. 길을 걷다가 K가 쓰던 향수와 비슷한 향이 스쳐 지나갔을 때, K가 몰았던 차와 같은 기종의 차가 횡단보도 앞에서 멈춰섰을 때, K가 자주 쓰던 단어로 누군가 내게 안부를 물어왔을 때. '죽을 만큼 잊고 싶다-' 나는 아무래도 마지막 구절이 좋은데 K는 늘 그 파트를 부르기 전 이제 다 불렀다며 항상 노래방 기계를 꺼버렸다. ‡능소화‡

뜻
[명사] 가수 김범수의 3번째 정규 음반.

보리차

겨울이 되면 커다란 양은 주전자에 보리차를 한가득 끓인다. 여름에는 반나절만 지나도 물맛이 비릿하게 변하지만 겨울에는 하루 정도 실온에 두어도 끄떡없다. 나는 원고를 쓰거나 산책하고 집에 돌아올 때면 따뜻한 보리차를 한 컵 마신다. 미지근해지면 약불에 다시 데운다. 곡물 특유의 고소한 향과 함께 훈훈한 김이 퍼진다. 어느새 부엌은 포근해지고 한기는 기분 좋게 물러난다.

보리차는 어느 음식과도 잘 어울린다. 카스텔라나 쫀득한 주악에 곁들여도 괜찮고 군고구마나 과일과도 조화롭다. 무엇보다 여러 잔을 마셔도 속이 편안해서 보리차는 겨우내 나의 일상 한편에 자리한다. 이번 겨울도 예외는 아니다. 잘 볶아진 보리를 넉넉한 물에 펄펄 끓이며 긴 하루를 건너갈 온기를 준비하려 한다. ‡정다연‡

뜻
[명사] 볶은 겉보리를 넣고 끓인 차.

보풀

보풀은 겨울에 혼자 일어나는 동그라미. 끝내 떨어져 나가지 않고 안간힘을 쓰는 동심원. 언젠가 겨울 코트를 꺼내어 입을 적에 군데군데 보풀이 일어난 것을 보았다. 그게 귀엽다고 느껴졌다. 특히 소매 쪽에 많이 일어나 있는 보풀은 꼭 의도한 장식처럼 방울방울, 솜뭉치처럼 부풀어 떨어질 생각도 없어 보였다. 누군가와 실없는 대화를 하다가, 버스에 혼자 앉아 있다가 무심코 떼어내기도 하는 보풀들. 초겨울 버스에 타면 여기저기 흩날리며 표류하는 보풀을 볼 수 있다. 보풀은 꼭 나머지처럼, 몫을 남기고 떠나는 여분의 마음 같다. 그래서 나는 보풀을 좋아한다. 보풀에게 쉽게 마음을 준다. 겨울에도 혼자서 일어나는 사람이 되고 싶어서, 보풀 같은 사람이기를 바랐다. ‡넝쿨‡

뜻

[명사] 종이나 헝겊 따위의 거죽에 부풀어 일어나는 몹시 가는 털.

복도

10분간의 그 짧은 쉬는 시간 동안 복도에 나가는 게 싫었다. 뒷문으로 들어오는 복도의 냉한 기운. 교복 치마를 담요로 가려봐도 스미는 냉기 탓에 복도를 오가느라 앞뒷문을 자꾸 여닫는 애들이 미웠다. 책상 위에 엎드려 누워 있는 동안, 종아리부터 발목까지 겨울의 기운이 스멀스멀 타고 올라왔다. 겨울이 되면, 교실 밖 복도는 조용했다. 한 교시가 끝나고 그토록 기다리던 쉬는 시간에도 아이들은 꿈쩍도 하지 않았다. 그러던 어느 겨울 해에는 복도를 유난히 배회하기도 했다. 담요로 치마를 감싸고. 계단을 한 층 올라가 인기척이 드문드문한 조용한 복도를 이쪽에서 저쪽으로 왔다 갔다 했다. 한 학년 위였던 그와 마주치려고. 그는 3교시 쉬는 시간마다 화장실에 갔다. 화장실 옆엔 식수대가 있었다. 물통에 물을 받으며 그를 기다렸다. 물을 버리고 또다시 담고 그가 나올 때까지. ‡능소화‡

뜻

1 [명사] 건물 안에 다니게 된 통로.
2 [명사] 건물과 건물 사이에 비나 눈이 맞지 아니하도록 지붕을 씌워 만든 통로.

복층

훈련소 수첩에 그려놓은 도면은, 내가 제대 후 혼자 독립하여 살고 싶은 집의 모습이었다. 그 도면의 특이한 점은 바로 복층이라는 것인데, 복층인 데다 계단 밑으로 작은 방 하나가 있었으면 해서 그려놓은 욕심 많은 도면이었다. 복층을 낭만으로 생각했던 나는 그런 집을 수소문했고, 연고도 없는 생면부지의 한 도시에 복층 집을 구했다. 층고가 높아서 괜히 성공한 사람이 된 것 같았다. 월세는 공인중개사인 군대 동기의 어머니 도움을 받아 저렴하게 살 수 있었다. 창틀에 세워진 서랍장 위에 앉아 키도 닿지 않을 만큼 높게 펼쳐져 있는 창문 아래에 드리워 있는 것이 좋았다. 와인잔 같은 것을 사서 아이스 아메리카노를 마시고, '여름아 부탁해' 같은 가랜드를 창문에 붙여놓은 것은 여전히 그 집에 살며 후회하는 일 중 하나다. 모쪼록 복층의 가장 큰 문제는 난방이었다. 물론 그 사실을 모르는 것은 아니었다. 복층에 산다는 계획을 말하면 주변 사람들이 난방비 폭탄을 이유로 만류했기 때문이었다. 그런 건 별로 중요하지 않았다. 그때 나는 반삭의 라푼젤이었을 뿐. 커다란 창문으로 새어 들어오는 바람은 형용할 수 없을 만큼 뼈아팠다. 난방을 열심히 돌려도, 잠을 자는 복층 침대로까지 열기가 전해지지 않았다. 애써도 되지 않는 것이 있구나…… 그런 좌절감을 느낀 것이 참으로 오랜만이었다. 하다못해 발이 시려 수면양말을 신고 마찰력이 사라진 복층 계단을 내려오다가 줄 없는 번지점프를 한 적도 있었다. 새벽에 넘어져 쓰러진 와중에도 바닥이 너무 차가워서 서러웠다. 하지만 이 모든 아픔도 잊게 만드는 아름다웠던 순간도 있었다. 바로 눈이 많이 내리는 날이었다. 창밖에는 공원 풍경이 펼쳐져 있었는데, 온통 흰 눈으로 뒤덮인 세상을 널따란 창 너머로 보는 쾌감도 있었다. 창문 시야가 넓을수록 비가 오거나 눈이 오면 보호받는 느낌이 커다랗게 느껴졌으니까. 하지만 이 모든 아름다운 시간을 뒤로하고 LH대학생임대주택에 당첨되어 나는 계약 기간을 채우지 못하고 복층을 떠나게 되었다. 그리고 복층에 살고자 하는 사람을 만나면 누구보다 만류하는 사람이 되었다. 처음 본 고지서의 숫자, 추위에 혹독함을 배웠던 시간을 떠올리면서도 이상하게 입꼬리는 올라가 있다. ‡넝쿨‡

뜻
[명사] 건물 내부의 어떤 공간을 이 층으로 만든 형태.

붕어빵

겨울에도 많이 걸을 수 있는 것은 붕어빵을 찾기 위해서. 호주머니에 가지런히 반으로 접은 현금을 가지고 다니는 것은 붕어빵을 사기 위해서. 붕어빵 찾는 일이 쉽지 않아서 이사를 하러 집을 알아볼 때도, 집 근처에 붕어빵 파는 곳이 있다는 이점을 기억하면서. 그런데 붕어빵은 사기 전에 설레는 마음이 가장 고도가 높다. 갓 구운 붕어빵이 난간 위에서 김을 식히고 있을 때, 내 몫의 붕어빵은 언제쯤일까 까치발 들어 내심 살펴볼 때, 종이봉투에 담겨 부대끼는 붕어빵들이 눅눅해지지 않도록 적당히 입구를 열어 가슴에 안을 때, 집에 돌아가 붕어빵을 기다리는 사람이 있어서 나는 그 기다림을 끝내는 사람이 될 때. 꼬리부터 먹을지 머리부터 먹을지 해찰하다가 팥인지 슈크림인지 늘 논쟁이 끊이지 않을 때. 요즘 붕어빵에 대해 한 소리를 들을 때. 이를테면 붕어빵 안에 피자도 들어 있고, 치즈도 들어 있고, 앙버터가 들어 있고 들

어갈 수 있는 것들이 많아 제법 요리처럼 보일 때. 아니, 아니. 그런 거 말고. 붕어빵 말이야. 팥이든 슈크림이든 뚝심 있는 맛으로 느껴지는 붕어빵만 취급하고 싶을 때. 겨울의 개막식처럼 주황색 천막으로 둘러싸인 붕어빵 가게가 안온한 조명 속에서 붕어를 세상에 내보낼 때. 사람들 품에 있는 붕어빵 봉투를 보고 그 출처가 궁금해질 때. 맹렬했던 추위가 몇 번 오간 뒤 겨울이 퇴장하고, 봄이 걸어올 무렵에는 어쩐지 쓸쓸하고 한산해 보이는 붕어빵 가게가, 여기저기에 있었던 붕어빵 가게가 내 눈에만 보이지 않을 적에.‡넝쿨‡

뜻

1 [명사] 붕어 모양의 틀에 묽은 밀가루 반죽과 팥소를 넣어 만든 풀빵.
2 [명사] 서로 얼굴이 매우 닮은 사람을 비유적으로 이르는 말.

비둔하다

이 단어를 네가 처음 알려주었지. 겨울에는 히트텍이며 패딩 조끼며 얇은 티셔츠며 얇게 여러 벌 껴입어야 따뜻하다면서. 그래놓곤 움직일 때마다 몸이 비둔하다면서. 번거롭다는 듯이 미간을 찌푸리는 장난꾸러기 같은 표정. 나는 물었지.

비둔한 게 뭐야?

비둔한 거. 걸리적거리는 거.

비둔함으로 나의 겨울은 시작된다. 어딘가에서 비둔한 옷차림으로 일하고 있을 네 모습을 문득 떠올리는 것으로부터. 입에 잘 붙지 않을 단어 같은데 겨울마다 이 단어를 무의식적으로 쓰고 있는 나를 보며 네가 내게 많은 걸 남기고 갔구나 생각한다. 내게 처음 온 단어가 평생 머물게 되었을 때.

겨울엔 에코백 메는 게 싫어요.

왜요?

옷도 두껍고 이리저리 움직이는 게 힘들어요.

아 그렇죠. 여간 비둔한 게 아니에요.

비둔한 게 뭐예요?

남들에게 의미를 설명할 때마다, 의미를 설명하고 있는 날 볼 때마다 겨울은 한 번 더 차가워진다.‡능소화‡

뜻

1 [형용사] 옷을 두껍게 입어서 움직이는 것이 굼뜨다.

2 [형용사] 살이 쪄서 몸놀림이 날래지 못하다.

사랑◇사박사박◇사태눈◇산타클로스◇살얼음
새벽송◇생일◇서점◇석유 난로◇선물◇선생님
성당◇성에◇성탄◇송년회◇수면양말◇수상 소감
수족냉증◇숫눈◇슈톨렌◇스노볼◇스노볼 쿠키
스테인드글라스◇시◇시금치◇시라카와고
신입생◇십이월◇싸라기눈

사랑

사랑이 정확히 뭔지도 모르면서, 사랑을 제대로 주지도 혹은 받지도 못했으면서 겨울에는 사랑을 구체적으로 떠올리고 생각한다. 정확히는 사랑이라 불릴 수 있는 것들. 사랑의 모양을 하고 있는 것들. 사랑의 재료가 되는 일들을. 여전히 어렵고 풀면 풀수록 더 복잡한 문법을 만들어내는, 단단한 방어막을 가진 이 사랑을, 추위가 만연한 이 계절에 이것 하나를 떠올리는 것만큼 따뜻한 것도 없다. 김이 서린 버스 창밖 도시의 풍경 속에, 지하철 앞자리 승객의 꾸벅꾸벅 졸음에서도, 쌓인 눈을 빗질하는 타인의 뒷모습에서도, 짧게 쓴 일기에서도, 뜻하지 않은 빗줄기에도 그냥 절로 사랑이 있다. 모든 사건 사고 속에 우빙처럼 있다. 늘 나를 헷갈리게만 했는데 제대로 내리지도 못하고 금세 더러워지는 눈처럼 그런 존재이기만

했는데, 겨울에는 사랑이 아주 잘 보인다. 잡으면 잡히고 언제든 사서 줄 수 있으면서도, 가만있어도 전해지는 길거리 전단지처럼, 어디서든 품을 수 있다.‡능소화‡

뜻

1̄ [명사] 어떤 사람이나 존재를 몹시 아끼고 귀중히 여기는 마음. 또는 그런 일.
2̄ [명사] 남을 이해하고 돕는 마음. 또는 그런 일.
3̄ [명사] 남녀 간에 그리워하거나 좋아하는 마음. 또는 그런 일.

사박사박

눈이 소복이 쌓인 곳을 밟으면 이런 소리가 난다. 어렸을 때부터 나는 눈이 오면 아직 아무도 밟지 않은 깨끗한 눈밭을 찾아다녔다. 새하얗고 평평한 눈밭을 조심스럽게 발로 밟으면, '사박사박' 소리가 난다. 그렇게 소리를 들으며 계속 걷다가 뒤를 돌아보면, 내가 지나가는 대로 발자국이 나 있다. 발자국으로 그림을 만들어 보는 것도 신나는 일이다. 깨끗한 눈밭을 찾다 보면, 가끔 나보다 먼저 눈밭을 발견한 사람의 발자국이 이미 찍혀 있기도 하다. 그럴 때는 '한발 늦었다' 하며 아쉬워하고는, 다른 눈밭을 찾으러 간다. 그 사람도 이 눈밭을 찾기 위해 부단한 노력을 했을 것이니. 지금은 눈이 오면 버스가 막힐까 걱정부터 드는 나지만, 가끔은 바쁜 일상에서 나와 새하얗고 깨끗한 눈밭을 찾는 것도 좋을 것 같다. ‡정혜민‡

뜻
[부사] 눈이나 모래 따위를 가볍게 자꾸 밟을 때 나는 소리를 나타내는 말.

사태눈

추락하고 있는 눈송이들은 지붕에 삼삼오오 쌓인 눈의 모임을 부러워할까? 일정한 양의 눈이 지붕 따위에 쌓이면 점점 밀리고 밀려 추락하고 마는 것이다. 사태가 발생한다. 뭐든 한꺼번에 쏟아져 내리면 추락이다. 눈들끼리는 적설량을 어떻게 측정하는지 궁금하다. 아니, 솔직히 그것보다 눈은 과연 어떤 눈이 되고 싶은지가 더 궁금하다. 눈이 바라는 상태. 혹은 눈이 바라는 사태. 천천히 떨어지고 있어서 곧 지상에 살포시 닿을 상태가 나은가, 지붕에서 부서지고 무너지기만을 기다리는 상태가 나은가. 어떤 상태든 눈은 눈과 만난다. 눈의 모임이 형성된다. 눈은 눈과 만나 사라지기를 기다린다. 녹아 흐르든, 흩어져 부서지든. 그러니 눈은 주기적으로 모임을 형성한다.‡낙서‡

뜻

[명사] 사태로 무너져 내리는 눈.

산타클로스

크리스마스가 다가오기 전이면 우리 가족은 어김없이 집에서 크리스마스트리를 꾸몄다. 상자를 열면 조악한 플라스틱 재질의 나무줄기가 조각조각 흩어져 있었고 그 아래 깊숙이 줄에 감긴 전구들이 아직 빛을 찾지 못해 알알이 숨죽이며 낯빛을 숨기고 있었다. 온 가족이 해사한 웃음을 지으며 트리를 꾸미는 시간을 좋아했다. 완성된 트리에 빨간 양말 한 짝을 빨리 걸어두고 싶었기에. 크리스마스인 아침에, 추운 겨울과는 다르게 포근한 햇살이 거실을 비출 때, 양말에는 선물이 없었지만 트리 옆에 큼지막한 선물 상자 하나가 리본을 풀어달라고 말하고 있을 때. 끝까지 울지 않고 잘 참았어. 울지 않기를 잘했어. 몇 번 울고 싶었던 순간을 잘 지나면 뜻밖의, 아니 사실 어느 정도 기대하고 있었던 선물과 만날 수 있다.

그리고 유치원에 갔더니 산타클로스가 기다리고 있었다. 아이들은 흥분을 감추지 못하고 폴짝폴짝 뛰었다. 산타클로스가 친구들을 한 명씩 부르면 달려나가 폭 껴

안고 함께 사진도 찍고 선물도 받았다. 나도 조용히 산타클로스의 품에 안겼다. 그러고는 울었다. 왜 울었는지는 기억나지 않지만. 산타클로스를 막상 실제로 보니 생각보다 무서웠다. 산타클로스는 내 눈물을 닦아주며 지금 울면 선물을 주지 않겠다고 말했다. 그래서 울음을 뚝 그쳤다. 선물을 받고는 다시 웃었고 함께 사진을 찍었다. 나중에 기억을 더듬어보면 그 산타클로스는 나이가 아주 어렸다. 아마 대학생이거나 대학교를 갓 졸업한 청년으로 추정된다. 흰 수염과 빨간 모자 사이로 보이는 눈을 숨길 수는 없었다. 가짜 산타. 가짜 루돌프. 언제나 양말에는 들어 있지 않았던 선물들. 모두 가짜. 그런데 그게 꼭 나쁜가. 어렸을 때 가짜 산타클로스를 만나서 다행이다. 만나지 않았더라면 나는 조금 더 가짜를 두려워했을지도 모른다. 그게 더 두려운 일이다.‡낙서‡

뜻

[명사] 성탄절 전날 밤 어린이의 양말에 선물을 넣고 간다는 노인.

살얼음

살얼음엔 두 감정이 있다. 물과 얼음, 있음과 사라짐. 겨울밤 바깥에 물그릇을 두면 살얼음이 끼었다. 얇은 얼음 한 조각을 손가락으로 떠서 입안에 머금으면 차고 먼 나라가 몸을 다녀가곤 했다. 살얼음의 매혹, 어느 겨울 강가에서 한 발만 더 내디디면 나는 내가 모르는 곳에 있었을 것이다. 투명해서 모르는 깊이와 가까워서 위태로운 경계, 나는 그걸 아름다움이라 적었다.

당신을 보자 몸을 숨겼던 때, 사랑이 시작되었다는 증거지. 가만두어도 사라질 텐데 서둘러 입김을 불고 언 손을 감추며 녹아가고 있었지. 여전히 차고 투명한 이 물질을 참 정직하다 말하며 그렇게 스러져간 이름을 아찔하게 그리워한다. 진화된 나의 냉동고는 결코 그날의 살얼음을 만들지 못하나 사라지므로 의미가 된다는 믿음, 잔혹한 아름다움에 나는 진다. 또 진다. ‡이규리‡

뜻
[명사] 얇게 살짝 언 얼음.

새벽송

어렸을 적에는 겨울 하면 크리스마스와 눈사람이 가장 먼저 떠올랐다. 성탄 카드에 점점이 흩날리는 눈 사이로 'Merry Christmas'를 필기체로 멋스럽게 휘갈겨 적으며 전야제와 새벽송을 기다렸다. 지금 생각해보니 이 한글과 영어의 합성어는 묘하다. 새벽노래도 아니고 나이트송도 아니고, 왜 새벽송이라 칭하게 되었을까. 아마도 '캐럴송'과 운을 맞추다 보니 또 시간적으로 24일과 25일 사이 새벽에 부른다는 특징을 드러내고자 명명된 게지.

영아부터 중장년에 이르기까지 교회의 모든 식구들이 축하 행사를 위해 모인 24일 저녁 예배가 끝나면 일찍 자고 일찍 일어나야 하는 새 나라의 어린이를 제외한 사람들이 '올나잇'을 준비한다. 온밤을 지새운다는 All Night의 노른자는 교회에서 준비한 밤참을 먹고 11시경에 모여 무리를 나눠 손전등과 찬송가, 산타클로스의 선물 포대와 흡사한 커다란 자루를 들고 집집을 방문하는 새벽송이었다. 주로 가가호호 지리와 사정을 잘 아는 어른 구역장님들을 따라 걷거나 차를 타고 출석교인 동네 구역별로 이동하였다. 닫힌 문 앞에서 〈고요한 밤, 거룩한 밤〉이나 〈저 들 밖에 한밤중에〉 등의 찬송을 부르면 집집마다 저마다의 타이밍에 맞춰 문을 열고 같이 부르거나 준비한 과자나 봉투 등을 건네며 담소를 나눴고 마지막은 늘 항상 '메리 크리스마스'를 외쳤다. 옆집과의 간격이 밭을 때는 본인 집인지 옆집인지 확인하기 위해 창이나 문밖으로 얼굴을 빼꼼 내밀기도 하고, 이웃 교회 교인이 반가워하며 급히 문밖에 나와 따라 부르거나, 종종 깊이 잠들어 4절까지 완창을 했는데도 문이 열릴 기미가 없어 아쉬운 발걸음을 돌리기도 하였다. 나는 차량 이동보다 걸어가는 걸 좋아했는데 왜냐하면 새벽송을 도는 타 교회 사람들이나 팀을 만나 서로에게 '메리 크리스마스'로 인사할 수 있었기 때문이다. 누구의 포대가 더 빵

빵한지 곁눈질로 비교도 하면서.

다정함이 음파로 번져나가는 그 밤의 추억이 이제는 고성방가와 같은 취급을 받는 시대가 됐다. 특별한 한 날이 아닌 모두의 고요한 취침 시간을 사수해야 하는 평범한 어느 날과 같은 12월의 깊은 새벽, 가장 대표적인 새벽송을 읊조려본다. '아기 잘도 잔다'. 그 하루 정도는 새벽송도 자장가로 들리는 다정함의 마법에 잠기길 기도한다. ‡박수진‡

뜻

[명사] 성탄절 새벽 '하늘에는 영광 땅에는 평화'라고 노래하며 아기 예수의 탄생을 전했던 천사들의 합창에서 유래된 기독교 문화로, 12월 24일에서 25일로 넘어가는 새벽에 집들을 방문하여 캐럴송을 부르고 받은 선물을 불우이웃에 나눴던 전통이다.

생일

1.

1월이 생일이라 언제나 겨울이었는데, 어느 날에는 설날과 딱 겹치는 생일도 있었다. 시골 할머니 댁에 가서 여느 명절과 다르지 않게 기름진 제사 음식 냄새에 취하고, 풀 냄새, 똥 냄새 할 것 없이 휘몰아치는 '시골 냄새'에 홀로 퀴퀴해질 적에, 생일날 아침에는 제사를 지내고 제사 음식과 함께 아빠가 어디선가 어렵게 공수해 온 시골 빵집 케이크를 놓고 생일 파티를 한 적 있었다. 먼 친척들의 어색한 박수에 맞춰 트로트와 다를 바 없는 생일 축하 노래가 퍼져 나올 때, 나는 그만 큰 소리로 울어버렸다. 내가 생각했던 생일 파티와는 전혀 다른 느낌이었기 때문이다. 눈물이 멈추지 않는 나는 밥상머리에서 운다고 한번 혼나고, 다 큰 애가 생일에 호들갑이냐고 혼나고, 이윽고 병풍 뒤에 숨어서 음소거로 울었다. 그 와중에 들기름으로 미역을 볶아 만든 미역국의 고소한 냄새, 사람들의 숟가락, 젓가락 내려놓는 소리, 찬 기운이 솔솔 들어오는 문밖에는 개 짖는 소리. 아, 나만 손해다. 울면 나만 손해야, 하고 옷소매로 씩씩하게 두 눈의 눈물을 훔치고서는 씩씩하게 고봉밥을 먹었다. 숟가락만 들어도 칭찬받는 시간이 찾아오고, 나는 기분이 좋아져 그제야 아빠가

읍내에 나가 사 온 케이크를 봤다. 분홍색 꽃 모양과 연두색 꽃받침의 사탕이 사이좋게 둘레를 나누고 있는 케이크. 그래도 2단 케이크라고 아빠가 위로를 하는데 또 눈물이 날 것 같았다. 어제 동태전이며 산적이며 가지런히 놓았던 그릇 위로 할머니가 케이크 한 조각을 고깃덩이처럼 댕강 잘라주었을 때, 서양화풍으로 그려진 포도 장식의 포크를 들고 먹었던 생일 케이크. 내가 알고 있는 가장 최고의 단맛. 잊을 수 없는 생일에 입김을 많이 보았다.‡넝쿨‡

2.

겨울에 태어났기 때문인지 겨울을 가장 좋아한다. 겨울에 태어난 모든 사람에게 동질감을 느끼고, 겨울에 아기를 낳은 모든 엄마에게 경외감을 느낀다.

나는 꽤 오랜 시간을 실제 생일과 다른 날을 생일로 삼았다. 어릴 때, 친구가 생일을 물어봐서 알고 있는 대로 알려줬는데 알고 보니 그날은 내가 진짜로 태어난 날이 아니었다. 엄마가 알려준 생일은 음력 날짜였는데, 그것을 구분할 줄 모르던 나는 그날을 양력 생일로 기억하고 있었기 때문이다. 음력과 양력의 차이를 알고 나서도 바로 정정하지 못했다. 음력은 날짜가 계속 변하고, 매해 바뀌는 생일을 기억해 달라고 할 수는 없는 노릇이니까.

나는 생일 축하를 받고 싶어 하던 사람이니까.

　다시 양력으로 고쳐 말하려니, 어쩐지 내 생일이지만 내 생일 같지 않았다. 오랜 친구들은 여전히 내가 최초에 알려준 날짜로 생일을 축하해주고 있다. 어떤 생일은 나도 잘 잊히지 않는다. 지금은 멀어져서 축하 인사를 전하기 어려워도, 어떤 날짜는 그날이 다가오면 옛 친구의 생일이라는 사실이 여전히 기억난다.

　그러다 몇 해 전부터는 진짜 양력 생일로 생일을 정정했다. 무슨 이유에서인지 모르겠지만, 진짜로 태어난 날에 축하받고 싶은 마음이 들었다. 새로운 날짜를 기억해야 하는 친구들에게 다소 혼란을 주기도 했다. 그렇지만 지금은 정정하길 잘했다는 생각이 든다. 음력 생일도, 가짜 생일도, 양력 생일도 모두 겨울에 있다. 나는 겨울을 벗어나서 태어날 수 없다. ‡안미옥‡

뜻
[명사] 세상에 태어난 날.
또는 태어난 날을 기념하는
해마다의 그날.

서점

* 사람들의 왕래가 잦은 길목에 서점이 있다는 것은 그 동네의 자랑이 될 수 있다. 아침저녁으로 불을 켜두고 오가는 사람들을 언제나 반기는 서점. 등굣길에, 퇴근길에 동네서점에 들러 책을 살 수 있다는 것은 크나큰 행운이다. 이야기가 더욱 필요한 계절에 서점은 당신에게 든든한 은신처가 되어준다.

* 한 계절에만 문을 여는 서점을 운영한다면, 나는 겨울에 그림책만 파는 서점을 열겠다. 세계 각국에서 수집한 겨울 풍경과 이야기가 담긴 그림책을 볼 수 있다. 크리스마스트리가 있고 눈사람 인형이 있다. 다락방도 있고 그곳에서 내려오는 미끄럼틀도 있다. 키 큰 어린이와 키 작은 어른 모두를 위한 의자도 있다. 진열된 책은 모두 판매용이니 소중히 다뤄야 한다는 안내문도 있다. 매일 정오가 되면 그림책을 읽어주는 사람도 있다. 슬프고, 익살스럽고, 화나고, 즐겁고, 감동케 하는 형형색색의 그림으로 손님의 마음을 물들이는 겨울 그림책 서점. 모두의 언어가 되어주는 그림책은 겨울과 잘 어울리는 단짝 같다.

* 서점에 대한 상상은 계속되는데, 도시 어딘가에 한 곳쯤 눈물서점이 있다면 좋겠다. 그곳을 찾은 손님은 마

음껏 울어도 된다. 서점 곳곳에 눈물을 떨어트려도 아무도 타박하지 않는다. 눈물 자국이 남은 페이지가 많은 책은 그것을 명예롭게 여긴다. 눈물이 많다는 것은 자랑이 될 수 있다. 모두가 울지 않으려고 애쓰는 세상에서, 울지 말라고 당부하는 이들 몰래 당신을 울게 하는 책이 있다는 것. 울어도 좋다고 환영하는 장소가 있다는 것. 좋지 않은가. ‡유실‡

[명사] 책을 갖추어 놓고 팔거나 사는 가게.

석유 난로

학교 다닐 때 석유 난로를 좋아했다. 석유 난로 근처에 검은색이나 녹색 테이프로 경계선을 그려 놓은 풍경까지. 석유 난로 근처에 자리를 잡은 아이들은, 난로를 켤 때마다 기름 냄새에 경악했지만 나는 그 냄새도 좋았다. 소독차 냄새를 좋아하는 원리와도 같은 것일까? 초등학교 2학년 때, 발가락 양말을 신고 매일같이 한자를 외우게 했던 고약한 담임 선생님은 늘 석유 난로 위에 낡은 주전자를 올려 두었다. 거기에선 보리차 끓는 냄새가 진동했다. 한겨울에도 물을 얼려오던 혈기 왕성한 아이들은 당연히 그 보리차에 관심이 없었다. 선생님은 그것을 보온병에 담고 겨울 창가 옆에 놓인 책상에 앉아 그것을 호호 불어 마셨다. 중앙 현관에서 나눠주는 기름을 받아오는 것은 당번의 몫이었다. 기름을 넣는 일까지 해야 했으므로 손에 묻는 기름에 온종일 찝찝해하기도 했고, 반에 한 명쯤은 기름을 잘 넣어 늘 호출되는 목장갑 낀 친구도 있었다. 석유 난로가 켜져 있는 동안, 불량식품을 사와 가끔 그것을 불에 그을려 먹기도 했던 친구들은 테이프로 그어놓은 경계선을 넘을 때마다 반장에게 이름이 적혔다. 그 반장이 나였다. 이름을 잔뜩 쓴 종이를 호주머니에 구겨 넣고선 난로 근처에 얼쩡거리던 이가 아무도 없었다고 거짓말하기도 했다. 난로를 끄고, 꾹 닫혀 있던 교실 창문을 모두 열어 환기할 땐 가장 곤욕이었다. 그보다 더한 강추위는 없었으니까. 서서히 식어가던 난로 근처에서 얼마 남지 않은 온기를 느끼는 것까지 난로의 몫이었다. 난로 주변엔 언제나 서성이는 발자국으로 성행이었고, 언제나 난로와 가장 먼 곳에도 사람이 있었다. 나는 그 풍경을 중간쯤에서 번갈아 보던 사람. 호주머니에 적어둔 이름이 많은 사람이었고, 석유 난로는 가끔 그 거리와 사이, 간격에 대해 고찰해보게 한다.‡넝쿨‡

[명사] 등유를 원료로 하여 방 안을 따뜻하게 하는 기구. 연소실에 등유를 내뿜는 가압식, 심지에 등유를 배게 하여 이를 연소시키는 낙차식 따위가 있으며, 열을 전도하는 방식에 따라서는 대류식과 반사식이 있다.

선물

　선물은 비밀의 은어다. 주는 사람도 그것을 받는 사람도 한동안 기대에 가득 찬 눈빛을 교환하며 곧 밝혀질 비밀에 대한 흥분을 먼저 나눈다. 포장지를 열고 선물의 실체를 확인하기 전까지가 선물을 둘러싼 가장 온도 높은 행복의 시간이다. 크리스마스 선물을 기다리는 아이의 시간처럼.

　아이를 위한 크리스마스 선물을 준비하며 올해에는 과연 아이가 산타의 비밀을 알게 될지 궁금하다. 매해 산타 할아버지에게 받고 싶은 선물을 물으면 아이는 눈빛을 반짝이며 카드를 쓴다. 산타 할아버지와 루돌프를 그리고 원하는 선물에 대한 이유와 감사 인사가 적혀 있다. 그리고 언제나 끝인사는 '메리 크리스마스 앤 해피 뉴 이어'인 것도 마냥 귀엽다.

　산타가 있다고 믿었던 시간이 나에게도 있었던가. 울지 않고 착한 일을 많이 한 아이의 머리맡에 선물을 두고 간다는 산타 이야기가 내게는 그저 구전 동화와 같았다. 믿지 않으면 속지 않을 수 있으니까, 나는 산타가 없다고 내심 생각했다. 산타가 있다고 믿는 아이들 앞에서 나의 이런 의구심을 들키지 않기 위해 산타에 대한 말은 거의 하지 않았다. 일종의 배려심이랄까. 그러나 아홉 살 겨울에는 산타가 있다고 믿고 싶었다. 크리스마스가 다가올수록 어떤 기대를 품게 되었는데 삼촌 때문이다. 타지에서 생활하던 삼촌은 그해 겨울 오래 집에 머물렀다. 삼촌은 내게 산타에 대해 말해준 최초의 어른이다. 산타는 아이가 갖고 싶은 선물을 주는 것을 좋아한다고, 양말을 걸어두면 그 안에 선물을 두고 간다고, 세상에 나쁜 아이는 없고 선물을 못 받는 아이가 생기는 건 그저 산타가 건망증이 있어서 그런 것이라고. 삼촌은 내게 받고 싶은 크리스마스 선물을 물었다. 나는 번번이 답하지 못했다. 선물을 어디까지 원해도 되는지 도통 감이 오지 않았다. 남북통일 같은 걸 원해도 될까 생각할 정도로.

크리스마스이브에 서랍에 잘 개켜져 있던 양말을 꺼내며 잠시 망설였지만, 이내 결심이 바뀔세라 재빨리 양말을 빨았다. 방을 가로질러 메어놓은 빨랫줄에 양말을 널고 자리에 누워 양말에서 물이 뚝뚝 떨어지는 것을 바라봤다. 되도록 늦게 잠들고 싶었지만 금세 잠에 빠졌다. 삼촌은 어째서 양말은 빨아서 널어놓는 게 아니라고 말해주지 않았을까. 아침이 되었을 때 웃풍 심한 방에서 양말은 동태처럼 얼어 있었고 그것을 손끝으로 느낀 순간 내가 얼마나 당혹스러웠는지 삼촌은 모를 것이다. 산타가 이렇게 얼어붙은 양말에 선물을 두고 갔을 리 없다는 생각에 절망했다. 처음으로 믿었던 산타에게 배신당한 기분에 휩싸여 있을 때, 양말 안에 무언가 만져졌다. 그것을 꺼내 확인하고 나는 웃고 싶었는데 맘처럼 되지 않았고 누가 볼세라 서둘러 뒷방으로 숨었다. 빨간색 흔들 샤프를 두 손에 꼭 쥐고. 상상하지 못했다. 이렇게 근사한 것이 내 몫이 되리라고는. 선물에 꼭 어울리는 아이가 되겠다고 산타에게 맹세했다. 흔들면 펜 끝으로 샤프심이 조금씩 튀어나오는, 당시의 나에겐 신문물이었던 흔들 샤프는 아주 오래 내 보물 상자에 있었다. ‡유실‡

뜻
[명사] 남에게 인사나 정을 나타내는 뜻으로 물건을 줌. 또는 그렇게 준 물건.

선생님

올 한 해 선생님이라는 단어를 정말 많이 쓰고 말했다. 작가 선생님, 시인 선생님, 수영 선생님, 헤어 선생님, 피티 선생님, 204호 선생님, 그냥 선생님. 나와 눈을 맞춘 모든 선생님들을 좋아했다. 학창 시절엔 졸업식만 되면 선생님과 사진을 찍으며 엉엉 울었다. 그럴 때마다 선생님은 늘 환하게 웃으며 당신의 손으로 내 두 손을 꽉 감쌌다. 일부러 관심받고 싶어서 뾰로통한 표정으로 집중하지 않았던 나, 일부러 관심 주고 싶어서 열일곱처럼 있는 맘 없는 맘 다 드러냈던 나. 아주 오래전에 헤어진 사람에게, 이름 끝에 선생님을 붙여 나에게로 보내는 이메일을 쓴 적이 있다. 보고 싶고 듣고 싶은 마음을 써 내려가면서 많이 울었던 기억이 난다. 어디에서 어떻게 사는지도 모르는 사람에게 잘살라고 과감하게 말하면서 이따금 새어 나오는 그리움을 잘 잠글 수 있었다. 언제나 내 진심보다 한 발짝 더 다가가고 싶어서 조심히 그러나 명랑하게 불렀던 단어. 선생님, 잘 지내시나요? ✢능소화✢

뜻
[명사] '선생'을 높여 이르는 말.

성당

밤새 통화한 것도 모자라 우리는 명동에서 만나기로 약속했다. 크리스마스이브에 친구와 명동을 찾는 일이 어떤 모험일 줄은 까맣게 모르던 우리는 스무 살이었고 생애 첫 크리스마스를 맞이하는 사람들처럼 들떠 있었다. 우리는 함께 자정 미사를 드리기로 했다. 친구는 신을 믿었고, 나는 그런 친구의 믿음이 좋았다. 중학교 때 1년 남짓, 친구를 따라 성당을 다닌 게 전부인 나는 그 시절 일요일 아침의 졸음을 이기던 시간이 떠올라 나른한 기분이었다. 명동 거리는 연인들과 관광객들로 가득했고 성당 앞 광장에는 아기 예수의 탄생을 축하하는 사람들이 초를 밝히고 있었다. 우리는 추운 줄도 모르고 아기 예수가 탄생한 마구간을 재연해놓은 것을 바라보았다. 사람들의 기쁨이 나에게도 번져왔다. 성당 안은 고요하다. 신부님의 음성과 목관악기의 선율도 고요에 깊이를 더했다. 평화의 인사를 나누고 나는 친구의 손을 꼭 잡았다.

붙잡아두고 싶은 시간이었다. 미사가 끝난 뒤 성당 밖으로 나와 누군가를 기다리는 사람들의 대열에 합류했다. 그곳에서 김수환 추기경을 뵈었다. 두 줄로 길게 늘어선 사람들 사이에서 한 명 한 명 손을 잡아주셨다. 친구는 벅찬 표정이었다. 내 차례가 되자 어쩐지 부끄러운 마음이 들었다. 나는 세례자도 아닌데 이런 영광을 누려도 될까. 그러나 그날의 일은 지금까지도 나의 자랑이다. 그분의 손은 폭신했다. 미소로 축복의 말씀을 건네셨다. 모두의 손을 잡아주시며 조금도 서두르지 않으셨다. 성직자의 기품과 온화함을 목도하며 내게 전해지는 이 감정이 은총일까 생각했다. 몇 해 후 겨울, 추기경께서 선종하셨다는 소식을 들었다. 고맙다는 인사와 사랑하라는 말씀을 남기셨다.‡유실‡

[명사] 천주교의 종교 의식이 행해지는 집.

성에

1.

사진을 찍고 글을 쓰는 일로는 일상을 유지할 만큼의 돈을 벌 수 없었다.

여러 식당에서 자잘한 일을 했다.

한 식당은 설거지를 잘하는지 보겠다며 하루 동안 테스트 근무를 시킨 적도 있었다.

그릇에 낀 기름기가 사람의 됨됨이보다 형편을 좌우한다는 사실이, 마치 한 편의 희곡처럼 느껴졌다.

저마다의 주기로 냉장고에 낀 성에를 제거하는 날이 있었다.

냉장고 속으로 몸을 구겨넣고 성에를 긁어내는 일은 적잖이 즐거웠다.

손짓 몇 번으로 사라지는 작은 곤란함.

지난겨울은 어떻게 지냈는지 좀처럼 기억나지 않는다.

불시에 국회로, 남태령으로, 광화문으로 뛰쳐나갔고 집으로 돌아오면 기진맥진한 채로 잠들었다.

냉장고는 내 아둔한 심연이었다.
비쩍 마른 야채가 굴러다니고
수채화 팔레트처럼 여러 색의 곰팡이가 피어, 피어, 피어났다.
냉동실 맨 아래 칸은 성에가 잔뜩 끼어 도무지 열리지 않았다.

열리지 않는 손잡이를 흔들며 생각했다.
나를 돌보는 일은 여전히 어렵고
나는 아마 광장에서 본 사람들의 이름을 끝내 알 수 없겠구나.
이 사람들을 잊을 수 없겠구나.

벅벅.
벅벅.
성에를 긁는 사람들.

우리 서로를 구원하자.
작게 곤란하면서. ‡황예지‡

2.

십 대에는 유독 아침 안개가 많은 곳에 살았다. 누구 하나 뛰쳐나가면 금방 보이지 않을 정도로. 거기서 많은 내가 도망쳐서 이제는 영영 찾을 수 없다. 안경을 옷소매로 닦고 보아도 흐림만이 선명할 따름이었다. 겨울이 오면 그 안개들은 창문과 차창에 무늬를 만들며 단단히 들러붙었다. 무늬는 불규칙한 듯하면서도 자기만의 규칙이 있어 보였다. 마치 속뜻이라도 있는 것처럼. 안개가 유리에 남긴 탁본을 보고 무엇이든 유추하려 했다. 사라진 것들은 안개 속으로 가서 어떻게 되었을까. 그러나 그 무늬는 단 한 번도 똑같았던 적이 없었으며, 앞으로도 영영 그러할 것이다.‡이옥토‡

뜻

[명사] 기온이 영하일 때 유리나 벽 따위에 수증기가 허옇게 얼어붙은 서릿발.

성탄

예수님이 세상에 내려온 겨울 한가운데가 되면 어릴 적 교회에서 보낸 성탄의 밤을 저절로 떠올린다. 춥고 깜깜한 밤, 교회 마당은 오렌지빛 전구 장식으로 반짝인다. 목사님이 말씀 전하던 본당의 강단은 그날 무대가 된다. 생전 걸칠 일 없을 거추장스러운 부직포 옷을 입고 친구들과 무대에 오른다. 예수님의 생일을 축하하는 날인데 어쩐지 나와 친구들은 생일 당사자보다 더 들뜬 모양새다. 총총대는 걸음으로 어두운 무대 위에 올라 축하 무대 준비를 마치면, 마침내 눈부신 조명이 우리들의 얼굴을 비춘다. 그 빛에 반사되어 저기 저 관객석에 앉아 있는 엄마 얼굴도 보인다. 무대 조명보다 벅찬 빛을 보내는 나와 우리 모두의 엄마 얼굴이. 차고 컴컴한 날 밤, 낮고 초라한 곳에서 예수님을 품어 안은 성모 마리아의 얼굴이 그런 것이었을까. ‡동그랑땡‡

뜻

[명사] 예수가 태어난 날을 기념하는 날. 12월 25일이다.

송년회

송년회를 마치고 집으로 돌아가는 방향이 같은 친구와 지난 시절을 추억하는 말 몇 마디를 더 나누었다. 학교 강의를 모두 마치면 친구와 함께 집으로 돌아가는 날이 잦았다. 그땐 혼자보다 친구와 집으로 돌아가는 길이 더 익숙했다. 집으로 가는 방향이 같기에 학교에 가는 방향도 같았다. 그러다 보니 학교 가는 길에도 종종 우연히 만나기도 했다. 주로 환승 열차를 기다리는 시간에 만났다. 오늘도 역시 그때 생각이 많이 나 친구와 학교 끝나고 집으로 돌아가는 길에 대한 추억을 회상했다. 그러다가 친구가 말했다. 나도 가끔 이쪽으로 나왔다가 지하철을 타고 집으로 돌아가면 네 생각이 나. 우리가 자주 멈춰 열차를 기다리던 플랫폼에 가면, 왠지 저기에서, 너를 만날 수 있을 것 같단 생각이 들어. 나는 그 말이 참 좋은 말 같다며 맞장구를 쳤다. 그래, 우리 모두에게는 그런 자리들이 몇 군데쯤 있지. 전의식이라는 게 그래서 참 무서워. 누군가를 자꾸 떠올리게 하거든. 누군가와 함께였던 자리를 품속에 오래 둘 수 있다는 것. 아직 그 자리가 유효하다는 것. 그것이 매년 겨울이 가진 미덕이겠지. 우린 아마도 나와 너로도 충분했던 자리를 나 혼자 들락날락거리면서 몇 번씩이나 너를 상상하고 소환하겠지. 친구의 말을 듣고 나는 믿을 수 있었다. 내가 그 자리에 없어도, 나는 언제나 네가 지나는 그 자리에 나타나리라고. 네가 그 자리에 없어도, 너는 내가 멈추는 그 자리에서 먼저 나를 기다리고 있을 거라고. 송년회는 한 해를 잘 보내주는 모임이면서도 앞으로 영원히 보내주지 못할 기억들을 한 번 더 안아주는 모임. 나는 겨울이 오면 그동안 아껴두었던 입김을 서로 나누는 송년회의 시간과 장면이 좋다. ‡낙서‡

[명사] 한 해를 보내는 뜻에서 연말에 베푸는 모임.

수면양말

그 어떤 사람도 내 곁에 이토록 오래 남아 있었던 적이 없었다. 그대 역시 금방 떠날 줄 알았다. 그대는 참 이상한 사람이었다. 바스러지는 계절에 내 곁에 머물다가 포근해진 계절에 홀연히 사라지는, 마치 철새 같은 사람이었다. 그래, 인정한다. 나는 그대의 따스함이 그리웠다. 나를 이렇게까지 감싸안아준 사람은 없었으니까. 가끔 보들보들한 그대의 품이 생각났다. 그대가 있으면 불면증은 걱정하지 않아도 되었다. 잠이 다시 존재하는 느낌이었다. 내 인생에서 열두 시간을 자본 건 그대를 만나고 처음이었다. 그 커다란 팔로 날 안아줄 땐 눈물이 날 것만 같았다. 다행히 울지는 않았다. 아직은 강할 수 있으니까. 때때로 그대를 보면 기분이 좋아져서 그대로 그대와 함께 뒹굴고 싶었다. 너는 어쩜 이렇게 상냥할 수 있는 걸까. 오랜만에 그대를 만났다. 떨리는 손끝이 맴돌아 그대의 손을 꽉 잡았다. 왜 이제야 온 거야. 올해는 예년보다 조금 늦은 것 같은데. 걱정스러웠던 마음은 이내 그대의 다정함에 사르르 흩어졌다. 그대랑 집에 가니 고양이가 좋다고 비비적거렸다. 안 그러던 아이인데, 나 못지않게 그대가 그리웠나 보다. 시간이 지체된 탓인지 올해는 산타 할아버지에게 소개하는 것도 늦어버렸다. 분명

만났다면 그대의 품 안 가득 선물을 안겨주셨을 테지. 문득 나와 얽힌 그대가 조금 더 오래 머물렀으면 좋겠다는 생각이 들었다. 초록이 비치는 날, 그대에게 말해볼까. 나와 사계절을 감싸안지 않겠냐고.‡은한‡

뜻

[명사] 발을 따뜻하게 유지하기 위해 신는 양말. 주로 잠을 잘 때 하반신의 체온을 유지하여 숙면을 취하려는 목적으로 신는다.

수상 소감

고마운 사람들에게 고맙다는 인사를 잘할 수 있는 사람이 되고 싶다. 내가 받은 것에 대하여, 그것이 내게 얼마나 소중한 기회였는지 힘주어 말하고 싶다. 그런 벅찬 순간이 내게도 와줄까. 겨울이면 그런 바람이 더 커지는 것은 수상 소감을 말하는 사람들을 자주 볼 수 있어서다. 연말연시, 무대 위에서 화려한 드레스를 입고 상을 받는 유명인과 엄청난 경쟁률을 뚫고 지면으로 등단하는 작가들의 수상 소감을 듣고 읽을 때면 그 상의 주인공보다 그들에게 호명되는 사람들의 마음이 먼저 떠오른다. 크고 작은 선의가 모여 빛나는 한 사람을 만들었다는 것을 확인하는 순간, 자신이 그들 중 한 사람이라는 것을 알게 되는 것은 어떤 종류의 기쁨일까. 나는 그들 중 한 사람도 아닌데, 재치 있는 언변으로 청자를 연신 웃게 하는 수상 소감에 나도 웃고, 눈물을 삼키느라 채 말을 잇지 못하는 수상 소감에 나도 운다. 작가로 등단한 이들이 고운 문장으로 써 내려간 수상 소감의 맨 마지막에 언제나 등장하는 사람들의 이름을 읽을 때면, 윤동주 시인의 「별 헤는 밤」이 떠오른다. "별 하나에 아름다운 말 한마디씩" 불러보는 시인의 마음을 알 것만 같다. "패, 경, 옥, 이런 이국 소녀들의 이름" 그리고 "가난한 이웃 사람들의 이름과 비둘기, 강아지, 토끼, 노새, 노루, 프랑시스 잠, 라이너 마리아 릴케, 이런 시인들의 이름"이 더는 아스라이 멀지 않고 가까이 있는 것 같다.

빛나는 무대가 아니더라도 고마운 마음은 적시에 전할 수 있는 사람이 되어야 할 텐데 자꾸만 주저하다 때를 놓치는 것은 그들이 보태어준 것에 비해 내가 이룬 것이 부족하게 느껴져서다. 나는 늘 조금씩 더디고 조금씩 모자라다. 그나마 다행인 것은, 이런 못난 마음에도 불구하고 상을 받고 싶은 마음은 무럭무럭 자란다. 언젠가 상을 받게 될 그 날을 준비해 이번 겨울에는 수상 소감 같은 편지를 써야겠다. 한 해를 잘 보내고 새롭게 시작하는 마음에 당신이 준 용기를 보태어 나는 더 멀리 가는 사람이 되겠다고. 나는 이 마음을 끝내 다 쓰지는 못할 것 같다. 받는 사람의 이름은 더욱 공들여 쓰는 것으로 대신할 수 있기를. 편지를 받은 당신을 웃고, 울게 할 수 있다면 좋겠다. ‡유실‡

뜻

[명사] 상을 받아 마음에 느끼는 바.

수족냉증

1.

나는 겨울이면 기다렸다는 듯이 함께 얼어버리는 손발을 가지고 있다. 그 손을 가득 쥐고 "손이 왜 이렇게 차"라고 말해주는 넘치는 사람들이 있다. 걱정 낀 마음으로 얼어버린 손을 덮어주는 게 좋아서, 나눠주는 온기가 다정해서, "그치 나 손이 유독 차" 하며 수동적인 요구를 한다. 거기에 응해주는 마음들은 나에게 크리스마스 케이크에 비는 소원 같은 것. 영하의 날씨에도 잃지 않는 온도 같은 것. 펑펑 내리는 눈 사이에서 나눠 끼는 손모아장갑 같은 것. 사실 얼어버린 손발은 타인에게 잘 꺼내지 않는 내 작은 공백이자 허점이다.‡시금‡

2.

"손이 왜 이렇게 차?"

그렇게 말하면서 내 손을 자신의 두 손으로 감싸는 그 순간이 좋다. 설레고 따뜻해서.

"제가 수족냉증이 있어서요."

그러면 나는 순수하게 내뱉을 수 있는 자신감이 생긴다.

수면양말을 챙겨 신고 찬 기운이 냉랭한 두 발을 옴짝달싹하며 잠에 들 때마다 내 손을 감싸며 어쩔 줄 몰라 하던, 평소보다 한두 톤 높아진 그 목소리가, 찌푸린 미간 사이에서 피어오르는 정겨운 따사로움이 생각난다. 어쩌다 닿게 된 우리의 손이, 당신이 나의 손을 부러 잡았을 때, 그 우연으로부터 시작된 관심과 걱정이 나의 겨울 한편에 늘 있다. 비로소 함께 닿았을 때, 우연히 스쳤을 때 전해지는 그 냉기가 우리 사이를 좀 더 단단하게 한다. ‡능소화‡

뜻

[명사] 추위를 느끼지 않을 만한 온도에서 손과 발이 지나치게 차가워지는 병.

숫눈

힘껏 울면서 태어났는데 작은 문제가 있어 인큐베이터에 들어가 얕은 숨을 쉬었던 일주일. 주차된 차 밑으로 기어 들어갔다가 나오는 순간 마주친 눈동자에 그렁그렁 맺힌 눈물. 처음으로 목도한 할아버지의 죽음 옆 병풍. 세 번 이상 성공한 물수제비. 목이 꺾일 뻔한 백 덤블링. 유치원에서 저녁까지 그림을 그리다 친구와 나눈 주먹질. 깊은 오해와 화해. 첫 짝꿍과 함께한 어느 봄날의 하굣길. 친구들하고만 보낸 생일 파티. 짝사랑. 페달에 발을 올리자마자 중심이 흐트러지는 자전거. 그 모든 처음. 아직 아무도 밟지 않았던 길. 좋아졌다는 것. 좋아한다는 것. 좋은 얼굴에 한가득 쌓인 눈. 그 얼굴 아까워서 아직 아무도 걸어오지 않네. ‡낙서‡

뜻

[명사] 눈이 와서 쌓인 상태 그대로의 깨끗한 눈.

슈톨렌

크리스마스를 기다리며 먹는 빵으로 알려진 슈톨렌은 독일 드레스덴에서 기원했다. 아기 예수를 포대기에 감싼 모습을 상징하는 슈톨렌의 슈거파우더는, 포근하고 따뜻한 느낌을 선사하며 많은 이들의 기다림과 함께하고 있다. 퍽퍽한 식감 속에서 군데군데 씹히는 견과류나 절인 과일은 꼭 기다림 속에서 맛보게 되는 작은 선물 같다. 따뜻한 커피와 함께 슈톨렌을 음미하는 시간은, 마치 이 순간 때문에 겨울을 기다린 것만 같은 달콤한 착각을 선사한다. 먹는 것뿐만 아니라 나누는 것, 바라는 것, 기다리는 것, 그리하여 함께하는 것. 이 모든 것을 한 덩이의 빵에 깃드는 겨울의 아름다운 마음이라 부를 수도 있을 것이다. 어쩌면 독일 사람들이 연말에 나누는 말처럼, 슈톨렌은 나와 당신의 안녕을 바라는 겨울이 발명한 인사가 아닐까. *"Frohe Weihnachten! Möge dein Stollen nie enden."* (*"즐거운 크리스마스! 당신의 슈톨렌이 끝나지 않길"*) ‡넝쿨‡

뜻

[명사] 독일의 크리스마스 빵. 반죽에 말린 과일, 설탕에 절인 과일껍질, 아몬드 등을 넣고 구운 빵. 완성 후 버터를 바르고 슈거파우더를 뿌린다.

스노볼

모든 것이 녹아 사라지는 겨울, 유일하게 온전한 형태를 갖추는 건 스노볼. 시소를 홀로 타면 의미를 잃어버리듯 함께한 추억은 서로가 기억해야만 나눌 수 있는 기쁨이라 생각했다. 한 장면이 굳어져 뒤집어 흔들어도 흐트러지지 않는 작은 세계. 흔드는 사람이 있어야만 이 세계에 눈이 내릴 수 있는데, 나의 스노볼에는 모래알이 보이지 않는 운동장이 있다. 모아두었던 편지가 문득 생각나 꺼내 읽는 것처럼 눈 덮인 그 위, 나란히 새겨놓았던 발자국을 떠올린다. 노래를 재생시킨 채 함께 불렀던 가사를 되짚는다. "또 겨울이 왔구나" 그 노래가 무엇이었는지 동시에 대답할 수 있다면 여전히 눈이 내릴 수 있을 거라고 믿는다. ‡최혜지‡

뜻

[명사] 투명한 원형 유리 안에 축소 모형을 넣어 투명한 액체로 채운 모형이나 장난감. 그 안에는 잘게 조각난 입자들을 넣어 흔들었을 때 마치 눈이 내리는 형상을 띈다. 스노글로브(Snow Globe)라고도 한다.

스노볼 쿠키

비밀 많은 스노볼 쿠키. 소극적인 스노볼 쿠키. 남에게 폐를 끼치기 싫어하는 스노볼 쿠키. 굴리면 굴릴수록 더욱 커지는 눈사람처럼 쿠키의 마음은 점점 커져만 가서 여러 개의 마음으로 나뉘었다. 투명함에 단번에 녹아 사라지지 않기 위해 좀 더 작고 단단한 모습을 하고 있다. 쉽게 들키지 않는 마음이 되기 위해, 들키고 싶은 마음들을 모았다. 물음표와 마침표로 뭉쳐진 쿠키를 엄지와 검지로 가볍게 집어 입에 넣었다. 겉에 묻은 슈거파우더를 혀로 살짝 누르다가 어금니로 당차게 씹었다. 입안 곳곳에 비밀이 흩어진다. 버터와 설탕, 아몬드가루와 슈거파우더…… 달콤함은 금세 가루로 흩어지고 짙은 여운으로 바뀌었다. 접시엔 슈거파우더만이 남아 있다. 스노볼 쿠키를 괜히 매만져본다. 손가락에 하얀 가루가 자꾸만 묻는다. 아무리 만져도 묻고 만지지 않아도 자꾸만 떨어진다. 모두 입에 넣어 먹고 난 자리에도 가루가 별처럼 묻어 있다. ‡능소화‡

뜻

[명사] 동그란 모양으로 빚은 후 슈거파우더에 굴려 완성하는 게 마치 눈송이 같다는 점에서 프랑스어로 boule de neige(눈송이)라고도 불린다. 결혼 관련 행사나 크리스마스 시즌에 많이 만든다.

스테인드글라스

작년 겨울의 일이다. 좋아하는 책방에서 정호승 시인의 북토크가 열린다고 하여 미리 가겠다고 얘기는 했는데 갈까 말까 속으로 수백 번은 고민했다. 어릴 적 남들보다 특별히 유별나지도 않은 평범한 중학생이 정호승 시인의 시를 읽고 마음 한구석에 열병이 생겼다는 이야기도 그리 유별나지는 않을 듯하다. 나중에 예대에 들어가 짧은 강연을 들어본 적은 있지만 실제로 가까이서 보고 이야기를 나눌 기회는 그 겨울이 유일했다.

대만에 다녀오고 얼마 지나지 않은 날에 부리나케 북토크를 들으러 갔다. 시인의 신간 『고통 없는 사랑은 없다』를 가지고 이야기를 나누었다. 그날 눈이 내렸는지 내리지 않았는지는 기억나지 않지만, 책방으로 가는 길과 집으로 돌아오는 길 내내 거리가 유독 한산하고 조용했음은 기억난다. 시인께서 여러 이야기를 해주셨는데, 가장 마음에 들어온 이야기는 스테인드글라스에 관한 이야기였다. 자신의 시 「스테인드글라스」를 읽어주며 어느 날 성당에서 경험한 스테인드글라스의 눈부심이 삶의 어떤 비의였는지 들려주었다. "늦은 오후/ 성당에 가서 무릎을 꿇었다"는 화자와 함께 성당을 비추는 햇살 아래에서 조금만 대화를 나누어보고 싶었다. 나도 어느

겨울 타국의 성당에서 사제들이 떠난 빈자리 중 한 자리에 앉아 두 손을 모으고 기도해본 적이 있기에. 지금 한국에서 나와 함께 살고 있는 우리 가족을 제발 살려달라고. 잘못했다고 싹싹 빌어본 적이 있기에.

그날 내가 기도하다 울었던 성당에서도 스테인드글라스가 반짝였다. 아주 첨예한 눈부심이었다. 쩍쩍 갈라지는, 시인도 말했듯 그야말로 "산산조각"이었다. 시인은 스테인드글라스가 "조각조각 난 유리로 만들어진 까닭"을 알겠다는 깨달음을 통해 나 자신이 "산산조각 난 까닭도" 거뜬히 알겠다고 한다. 물론 나에게 이러한 시적 도약은 다소 평이하고 감상적이었지만 시인이 말하는 스테인드글라스의 연원을 통해 고통의 근원으로 나아가는 통로가 마련되는 순간은 매혹적이었다. 나는 다르게 생각했다. 어떤 까닭 자체가 산산조각이 아닐까. 까닭이 이미 산산조각 부서지는 과정이 곧 나 자신의 심연을 더듬는 일과 다르지 않다고. 애초부터 우리에게 주어진 삶의 까닭들이 부서져 성당을 지켜주는 스테인드글라스가 된다는 것. 눈부신 햇살을 기다린다는 것. 그 아래에서 누구의 기도 하나쯤 들어 올릴 수도 있겠지만 삶은 기도와는 무관하게 흘러간다. 이미 그 겨울 나의 기도는 일부 실패했기 때문이다. 거대한 삶의 의미 속에서는 결코 실패하지 않았을 테지만.

색유리를 이어 붙이면 성직자들이 태어난다. 성직자들은 기도보다 먼저 태어난다. 얼마나 많은 고해성사가 지나갔을까. 인류가 지난 이야기들을 전부 다 이어 붙이면, 그 이야기에도 햇살이 들어올까. 산산조각을 이어 붙이면 더 이상 산산조각이 아니게 되는 걸까. 산산조각은 부정의 시학도 아니고 긍정의 시학도 아니다. 다만 빛이 통과할 수 있는지 없는지 확인해볼 따름이다.

북토크가 끝나고 시인은 나한테 혹시 나중에 자기를 또 만났을 때 자기가 나이를 많이 먹어서 혹시 못 알아보더라도 먼저 얘기해달라고 했다. 나는 먼저 인사하겠다고, 늘 먼저 인사하겠다고 답했다. 그다음 날 아침에 눈을 떠 창을 열었을 땐 세상이 온통 하얬다. 가지마다 두툼한 눈이 쌓여 있었다. 간밤에 펑펑 내린 눈을 자느라 보지 못했다. 이것이 내가 수집한 겨울 한 조각의 고통. 마지막까지 기도와 함께, 겨울에 떠난 사람을 그리워하는 마음. ‡낙서‡

뜻
[명사] 색유리를 이어 붙이거나 유리에 색을 칠하여 무늬나 그림을 나타낸 **장식용 판유리.**

시

가끔 궁금하다. 시는 어느 계절에 태어났을까. 나처럼 겨울에 태어났다면 시가 처음 만난 날씨는 포근한 속도로 함박눈을 내리고 있었을까. 여름에 태어났다면 수박 한 입 엉성하게 베어 물어 손목에 과즙이 뚝뚝 흐르거나 대지를 찢어버릴 정도로 강렬한 햇빛을 업고 동네 공원에서 뜨거운 산책을 하다가 벤치에 홀로 앉아 풍경과 사람들을 구경했겠지. 봄이나 가을에 태어났을 거란 기대는 잘 안 하게 된다. 무슨 이유인지는 모르겠어도 어쨌든 시는 조금 극단적이어야 할 것만 같다. 양극단을 두고 자유롭게 횡단할 것만 같다.

겨울 시 하면 가장 먼저 최승자의 「청파동을 기억하는가」를 떠올리지 않을 수가 없다. 시의 첫 문장 "겨울 동안 너는 다정했었다" 앞에서 흰 눈에 얼굴을 묻고 무릎을 꿇지 않을 도리가 없다. 그다음은 이제니의 「초다면체의 시간」이 절로 떠오르고. "겨울에는 나에게로 여행 오세요." 이 문장을 입고 가볼 수 있는 여행은 죄다 가보고 싶다. 기형도는 왜 즉각 떠올리지 못했는가. 그는 '겨울 판화'라는 연작도 썼는데. "네가 크면 너는 이 겨울을 그리워하기 위해 더 큰 소리로 울어야 한다." 기형도의 문장을 당분간 주머니에 넣고 다녀야겠다. 그렇지, 또 있지. 겨울 시야 너무너무 많지. 백석을 떠올리지 않는 일도 여간 힘들지. 문태준의 「가재미」, 한여진의 「두부를 구우면 겨울이 온다」도…… 아아, 그만, 너무 많아서 머리가 터질 것 같아! 세상에 있는 모든 겨울 시를 묶어 앤솔러지를 만들면 몇 페이지가 되려나. 시는 왜 계절 없이는 움직이지 못하나. 이장욱의 「얼음처럼」을 가지고 와야겠다. 정지한 세계를 사랑하려고 했던 사람이 누군가를 보며 한 말이다. "조금씩 녹아가면서 누군가/ 아아,/ 겨울이구나./ 희미해./ 중얼거렸다." 세상에 있는 모든 겨울 시를 묶을 수 없다면 어쩔 수 없다. 세상 모든 겨울을 가져와 단 한 편의 시를 써야겠다. 그 시가 바로 겨울 시일 것이다.‡낙서‡

뜻

[명사] 문학의 한 장르. 자연이나 인생에 대하여 일어나는 감흥과 사상 따위를 함축적이고 운율적인 언어로 표현한 글이다. 형식에 따라 정형시·자유시·산문시로 나누며, 내용에 따라 서정시·서사시·극시로 나눈다.

시금치

어디서 구했는지 늘 집에 있던 비디오테이프 중에는 애니메이션 〈뽀빠이〉가 있었다. 보고 또 봐도 질리지가 않아서 백 번은 넘게 봤다. 올리브를 구하기 위해 동분서주하는 뽀빠이가 캔에서 시금치를 꺼내어 먹으며 힘이 세질 때, 시금치를 먹으면 누군가 구할 힘과 용기가 나는구나 하고 만화의 교훈을 곧이곧대로 믿었던 어린 시절에, 나는 시금치 반찬을 제일 좋아했다. 자취를 시작하면서부터 시금치는커녕 채소 구경도 힘들어질 때마다 큰맘 먹고 시금치를 무치기 시작했다. 밥에 물을 말면 식혜가 되는 줄 알았던 어린 시절처럼 시금치를 물에 대충 삶기만 하면 평소에 먹던 시금치가 되는 줄 알았다. 그 이후로 나는 시금치에게 집중했다. 시금치는 여름에 다소 질겨 볶음요리에 어울리고 겨울에 달고 맛있으며, 생산 지역이나 시기에 따라서 포항초, 섬초로 나뉘기도 한다는 것을 알게 되었다. 겨울에는 이따금 시금치 한 단을 사서, 정성껏 무쳐 먹는다. 뽀빠이의 기분은 잊어버린 지 오래되었지만 시금치는 내 겨울의 기초가 되었다. 정갈하고 가지런해지고 싶을 때마다, 한 줌의 시금치를 무쳐 식탁 위에 올려놓고 먹는다. 달고 짠맛이 고슬고슬 지은 흰밥과 섞여 느껴질 때, 이것이 겨울의 맛이지, 이것이 겨울

이 견뎌온 힘이지 하고 속으로 생각한다.‡넝쿨‡

🟩
[명사] 명아줏과의 한해살이풀 또는 두해살이풀. 높이는 30~60cm로 뿌리는 굵고 붉으며, 잎은 어긋나고 세모진 달걀 모양이다. 암수딴그루로 5월에 녹색 꽃이 원추(圓錐) 또는 수상(穗狀) 화서로 피고 열매는 포과(胞果)이며 두 개의 가시가 있다. 잎에 비타민E나 철분이 많아 데쳐서 무쳐 먹거나 국으로 끓여 먹는다. 아시아 서남부 지방이 원산지이다.

시라카와고

여행지에서 처음으로 아팠다. 가기 전부터 컨디션이 막 좋은 상태는 아니었는데 또 그리 나쁘지도 않았다. 생애 첫 나고야 여행은 독감으로 남았다. 첫날부터 2만 5천 보를 걸었던 게 무리였던 걸까. 이곳, 시라카와고는 다시 오고 싶단 생각이 마구마구 들 것 같다. 그러나 다신 오지 않을 것이다. 일상으로 돌아와서 '아, 시라카와고 또 가고싶다'라는 말만 되뇔 뿐, 이곳을 찾는 일은 아마 없을 것이다. 몸이 쑤시고 미열이 있고 점점 창백해져가는 온도를 잃고 싶지 않다. 아프니까 아픔을 안고 여행을 하게 되니까 나를 돌보는 게 무엇인지 생각하게 된다. (여기 카페는 바움쿠헨이 맛있는데, 옆자리 외국인에게 방금 추천했다) 손에 힘이 풀리고 있다. 카페 창밖으로는 눈이 스멀스멀 내린다. 관광객들은 신난 표정으로 눈밭에서 사진을 찍고 있다. 시내로 돌아가는 버스는 아직 두 시간이나 남았다. (2023년 12월 28일 일기 중) ‡능소화‡

뜻
[명사] 일본 기후현 히다 지방의 갓쇼즈쿠리 마을로 1995년 유네스코 세계유산에 등재된 전통 마을.

신입생

2월 마지막 주 어느 날, 신입생 수백 명이 줄을 지어서 학교를 견학하고 있다. 열심히 앞사람을 쫓으면서 열심히 안내를 받고 있다. 누가 설명하든 학교는 동일한데, 아니지 누가 설명하는가에 따라 학교는 달라질 수도 있는데, 3월을 코앞에 둔 날씨는 겨울 같기도 하고 봄 같기도 하다. 많이 춥지는 않지만 따뜻한 것도 아니다. 아직은 냉한 기운이 섞여 있는 교정을 바삐 걸으면서 바삐 둘러보는 신입생의 얼굴은 한둘이 아니다. 한둘의 얼굴만 있는 게 아니다. 얼굴은 많고 어느 하나로 묶이지 않는다. 어느 하나로 섞이지 않는 하늘에서는 좀 전에 비행기 한 대가 날아가면서 조용히 굉음을 일으켰다. 어디로 가는 비행기였을까? 신입생들의 줄은 끊어졌다 이어졌다 계속 가고 있다. 열심히 쫓아가는 신입생 한 명의 얼굴을 유심히 담아두려다가 말았다. 그때 내 마음은 무슨 마음이었을까?*김언*

뜻
[명사] 새로 입학한 학생.

십이월

아침부터 분주히 집 안을 정돈했다. 창문을 활짝 열고 두툼한 이불을 털어 갠 뒤 고양이들에게 간식을 챙겨주었다. 나붓한 햇살이 밀물처럼 거실 안으로 밀려온다. 빨랫감을 잔뜩 먹은 세탁기가 제 할 일을 하는 동안 부엌 베란다 창문으로 늙은 놀이터를 보았다. 누구든 각자 제 할 일을 열심히 하고 있다. 봄은 분홍, 여름은 초록, 가을은 브라운, 겨울은 화이트. 집을 나서본다. 카페에서 따뜻한 차를 마시며 도서관에서 빌려 온 책을 읽는다. 틈틈이 좋아하는 평론가가 진행하는 라디오도 듣고 일간지와 오프라인 서점의 서평도 놓치지 않는다.

"못 고치는 병은 없다. 못 고치는 습관만 있을 뿐"이라는 한 유명 약사의 말을 일상 속에 적용해본다. 못 고치는 습관만 있을 뿐. 놓친 급행 열차처럼 날카롭게 지나가는 문장.

카페에 머무는 손님은 없지만 들락날락 하는 이들은 많다.

"주문한 케이크 찾으러 왔어요."

말투에 싱싱한 설렘이 잔뜩 묻어 있다. 여자의 오렌지색 스커트를 바라보다 전날 영화관에서 보았던 석양을 떠올렸다. 지루해서 눈이 감기던 찰나 스크린을 가득

메운 석양에 눈물이 차올랐다. 이 계절이면 무언가 밀려온다. 그것은 익숙한 버스 안 손잡이에도 있고 회사 동료의 여행담에도 있고 다 마신 커피를 카운터에 반납할 때처럼 문득. 늘 문득이다. ‡능소화‡

뜻

[명사] 한 해 열두 달 가운데 맨 끝 달.

싸라기눈

부스러진 쌀알을 싸라기라고 한다. 그해 추수한 벼를 탈곡하며 생긴 싸라기를 모아서 끓인 죽을 어른들은 별미로 드셨다. 흰죽보다 되직하고 까슬거리는 식감이라 어릴 적에는 싫어했는데 사락사락 눈 내리는 밤에는 가끔 생각난다. 뜨거운 싸라기죽에 고소한 참기름 섞인 간장을 얹어 먹으면 뱃속까지 뜨거워졌다. 아주 옛날에는 끼니가 궁해서 싸라기죽을 먹었겠지. 갑자기 추워진 날씨에 빗방울이 얼음으로 내리는 눈을 보며 쌀알을 닮았으니 싸라기눈, 싸락눈이라고 부르자 했을 사람들에게 귀한 한 끼가 돼주었겠지. ‡유실‡

뜻

[명사] 빗방울이 갑자기 찬 바람을 만나 얼어 떨어지는 쌀알 같은 눈.

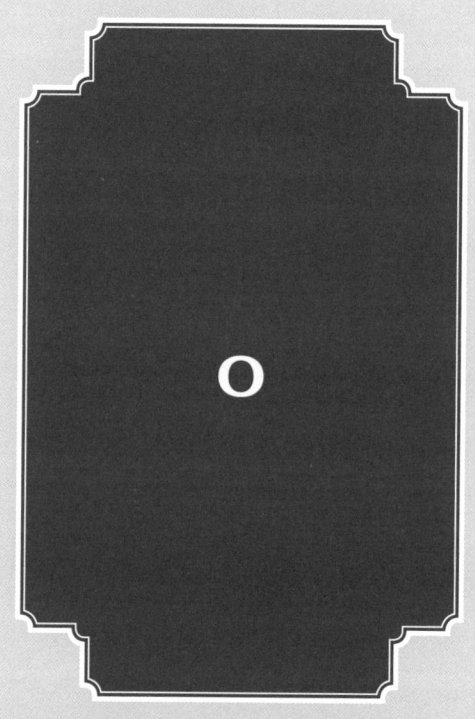

약속◇양말◇어묵꼬치◇얼죽아◇연말◇연말정산
영등포◇오다◇옥수동◇온기◇온수◇이름
이브◇이터널 선샤인◇인연◇일월일일◇입김

약속

1.

첫눈 오는 날 만나자! 장난처럼 들려 대꾸하지 않고 잠자코 있던 내게 너는 채근하듯 다시 말했다. 첫눈 올 때 너희 동네 시계탑 앞에서 보자. 우리는 버스에 나란히 앉아 각자의 집으로 향하고 있었다. 며칠 전 첫눈은 이미 내린 후였다. 너는, 그 눈은 가짜라고, 야간 자율학습 시간에 내리는 눈은 무효라고 했다. 첫눈이 내리는 걸 분명히 보았냐고 내게 물었고 네가 바라는 답인 것 같아 아니라고 답했다. 맞아, 첫눈다운 첫눈은 아니었지. 온전한 첫눈이 내리는 풍경을 상상하는 사이 너는 내 어깨를 한 번 툭 치고 버스에서 내렸고 차창 밖에서 또 한참 손을 흔들었다. 우정을 확인하는 순간은 이토록 사소한 것에서 온다. 나는 네가 서슴없이 약속을 던지는 게 좋았다. 그중 반은 한쪽이 까먹고, 나머지 반은 둘 다 까먹는, 치밀하지 못한 우리의 약속은 좀처럼 지켜지지 않았지만. 약속한다는 것은 함께할 미래를 꿈꾸고 준비하는 일이니까. 그 약속으로 지금 네가 즐겁다는 것이니까. 그런 미래는 아무와 나누는 것이 아니지. 약속은 발생하는 순간의 에너지로 한동안 서로의 마음을 데워준다.

어느새 버스는 잠실대교 위에 있었다. 차창 밖으로

눈과 비슷한 것이 흩날리기 시작했고 나는 실눈을 뜨고 바라봤다. 강물 위로 속절없이 떨어지는 그것을 첫눈으로 부르고 싶지 않았다. 하지만 시계탑 앞에서 한동안 기다려 보겠다고 생각했다. 이미 너와 함께 있는 것 같았지만.‡유실‡

2.

추우니까 나오지 말고 역 안에서 기다려. 미리 나와 있지 말고 문자 하면 그때 나와. 먼저 도착하면 추우니까 식당 안에 가 있어. 겨울 약속은 마음에 마음을 덧대어 계속 튼튼하게 만든다. 나는 상대방에게 그렇게 문자를 보내면서 약속 시간보다 늘 10~20분 먼저 도착해서 그를 기다린다. 약속엔 늘 기다리는 일이 동반되는 것임을 겨울의 마중 안에서 생각해본다. 약속한다는 것은 우리가 이어져 있다는 것이고, 만나자는 고백이며 시간을 함께 쓰는 일이기에 약속하는 일에 늘 큰 의미를 두곤 했다. 마음을 많이 썼다. 그날은 선약이 있어, 라는 말을 듣기라도 하면 마음이 크게 흔들리기도 했다. 그 사람이 쓸 시간의 깊이와 양을 짐작해보기도 했다. 올겨울엔 많이 안 춥대. 크리스마스엔 눈이 온다더라. 그럼에도 예고로만 이어지는 앞날의 다짐이자 내 설렘의 모든 근원. 약속도 마음도 다하는 우리가 되길 바라면서. 올해가 다 가기 전에 꼭 만나자. ‡능소화‡

뜻

[명사] 다른 사람과 앞으로의 일을 어떻게 할 것인가를 미리 정하여 둠. 또는 그렇게 정한 내용.

양말

양말을 구입하지 않은 지 꽤 됐다. 그런데도 많다. 뭘 버리지 못하는 내 성격 탓도 있고, 양말은 다 제각각이더라도 그 나름대로 쓸모가 있어서 제자리가 있기 때문이기도 하다. 나는 양말을 신고 지낸다. 누군들 안 그렇겠느냐만은 나는 나갔다가 들어와서도 양말을 신는다. 잠자리에 들 때는 목이 긴 수면양말이 필요하다. 그게 있어야 잠들 수 있다. 하루에 양말 세 켤레가 필요하다는 건데, 그렇게 된 건 어렸을 때 사고로 발뒤꿈치를 다쳐서다. 그냥 집에 있었으면 좋았을 걸 무료함을 견디지 못하고 나갔다가 그렇게 됐다. 사고 이후에는 왼쪽 발뒤꿈치가 거기 있다는 감각에서 놓여난 적이 별로 없는 것 같다. 자려고 누워도 뒤꿈치가 거기 있고, 책상 앞에 앉아 있을 때도 뒤꿈치가 있다. 그게 거기 있다는 감각에서 놓여나고 싶어 이런저런 시도를 해봤지만 별반 나아지지 않았다. 양말을 신으면 그나마 괜찮아진다. 겨울이 오면 조금은 더 괜찮다. 양말을 양껏 신을 수 있어서다. 안에 낡을 만큼 낡아서 부드러워진 양말을 신고 겉에는 두툼한 모직 양말을 신는다. 많이 추운 날에는 하나 더 신을 수 있다. 양말을 껴 신고 밖으로 나가면 내가 겨울을 마음껏 누리고 있다는 생각이 들고 그걸 누구한테 말하지 않아도 내 두 발은 알고 있으며 무엇보다 뒤꿈치의 자기주장이 양말 쪽으로 살짝 기우는 어떤 순간을 만날 수도 있다.‡임승유‡

뜻

[명사] 맨발에 신도록 실이나 섬유로 짠 것.

어묵꼬치

겨울이라 하면 길거리 노점에서 온천 같은 김이 모락모락 나는 어묵꼬치가 먼저 떠오른다. 하지만 나에게 어묵꼬치를 먹기란 여간 쉬운 일이 아니다. 나는 이것을 어묵꼬치의 딜레마라고 부른다. 그 전말은 이렇다. 겨울에는 유독 혼자 돌아다니는 날이 많다. 그만큼 노점 어묵꼬치를 만나는 순간도 적지 않은데, 그럴 때마다 노점에서 피어나는 김을 보며 상상한다. 혼자 노점에 가서 인사를 하고, 어묵꼬치를 신중하게 고르고, 간장 솔로 간장을 정성스레 바르고, 호호 불며 윗니 아랫니를 드러내 어묵을 베어 먹고, 뜨끈한 입김을 화- 하고 뱉고…… 그러다 보면 왜인지 쑥스러워져서(?) 그냥 지나친다. 내향인의 삶이란 이렇다. 또 지인을 만나서 먹기에는 식사 약속이 우선이지 않은가? 식사 전에는 배를 먼저 불리면 안 되고, 식

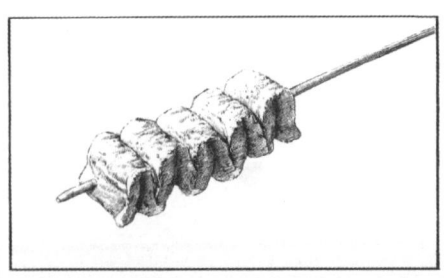

사 후에는 배가 이미 불러버리는 법. 그렇게 식사에 밀린 애매하고 슬픈 어묵꼬치는 또다시 다음을 기약할 수밖에 없다. 소식가의 삶이란 이렇다. 올겨울에는 어묵꼬치를 먹을 수 있을까? 바깥에는 무색무취의 찬 공기, 입안에 어육향 뜨거운 공기를 동시에 느껴볼 수 있을까? 어쩌면 어묵꼬치는 쉽게 닿지 않기 때문에, 갈망하기 때문에 매 겨울이 아쉽고 또다시 기다려지는 이유가 되는 것 같다. ‡리솝‡

뜻
[명사] 생선의 살을 으깨어 소금 따위의 부재료로 넣고 익혀서 응고시킨 어묵을 꼬치에 꽂은 음식.

얼죽아

특별한 이유가 없는 이상, 나는 한겨울에도 한파에도 아이스 커피를 마신다. 얼어 죽어도 아이스 아메리카노를 마시는 게 좋아서라기보단 뜨거운 커피 마시는걸 주저하게 된다. 사랑을 할 때와 비슷하게 조급해지는 게 싫기 때문이다. 뜨거운 커피가 식어가는 걸 견디지 못하겠다. 약속이라도 생겨 누군가와 카페에서 테이블에 커피를 두고 이야기라도 할 때면 이 감정은 더욱 거세진다. 머그컵을 다시 손으로 감쌌을 때 처음에 비해 다소 식어 있는 그 온도를 견딜 수가 없다. 겉은 멀쩡한데 안에서는 차게 식어가고 있는 그 감각을 회피하고 싶어서 처음부터 얼음 가득한 커피를 마시곤 한다. 따뜻함이 사라지는 걸 그냥 못 견뎌 하는 것 같다. 이제는 몸을 따뜻하게 하는 것에 신경 쓸 나이가 됐다. 보온병에 뜨거운 물이라도 넣고 다녀야 하나. 아니면 "식지 않았어요? 뜨거운 물 좀 더 달라고 할까요?" 하고 누가 먼저 알아줬으면 좋겠다. ‡능소화‡

뜻

[신조어, 명사] '얼어 죽어도 아이스'의 줄임말로 추운 날씨에도 아이스 음료만 먹는 것을 뜻함.

연말

연말에는 법원 풍경을 생각한다. 법원 내부라기보단 법원 앞 자판기와 나란히 놓여 있는 벤치쯤에 머무는 생각. 수확한다는 표현을 써도 좋지만 어쩐지 연말에는 그동안 있었던 일을 심판하게 된다. 시간이 어떻게 흘러갔는지 가늠이 되지 않으므로, 시간의 행적을 추적하면서 자연스럽게 좋았던 일, 슬펐던 일, 아쉬웠던 일을 가름하게 된다. 떠오르는 얼굴도 있고, 고마운 사람도 있고, 편지를 가장 많이 전한 사람도 있고, 손꼽을 만큼 좋았던 책이나 영화도 있다. 좋았던 자리에 이름을 호명하면서부터 연말의 심판하던 분위기는 자연스럽게 너그러워지게 된다. 연말이 기다려지는 이유는, 이유도 모른 채로 해빙의 시간을 갖게 된다는 점에 있다. 한 해의 마지막이라는 뜻의 연말은, 한 해의 시작을 포장하는 일과도 다르지 않다. 새해에 풀어본 지난해의 마음들로 이어 나가는 리본이니까. 연말은 그 매듭의 자리에 있는 것이다. 연말에만 볼 수 있는 시상식, 연말에 긴 휴식을 갖는 아침달 방학(비공식적이나 입사 이후로 거른 적 없이 겨울 방학을 가지고 있다), 크리스마스 분위기, 두서없는 송년회 자리, 그런 아른거리는 자리들을 거쳐 돌아온 곳에서 홀로 듣는 제야의 종소리. 어디론가 넘어가는 감각, 나아가는 감각, 시간과 다시 발을 맞추고 나란히 입장하는 느낌을 받는 연말을 좋아할 수밖에 없다. 뜬금없이 초인종이 울리거나, 소식이 뜸했던 사람에게 전화가 와도 이상하지 않은 연말. 나타나기에도, 흐려지기에도 좋은 몇 안 되는 분위기의 시간이다. ✢넝쿨✢

뜻
[명사] 한 해의 마지막 무렵.

연말정산

그렇게 올해도 지나갈 것이다
연말에는 저마다 목도리를 두르고
오랜만에 만난 친구들과 술잔을 부딪치고
나는 음료수를 담은 유리잔을 부딪치고
시시콜콜하고 따분하고
작년에도 똑같이 말한 이야기를 또 나누겠지
볼링을 치거나 포켓볼을 치거나 오징어나 육포를 입에 물거나
미간을 약간 찡그리고 담배를 물고
왼팔이 오른팔을 오른팔이 왼팔을
쓸어내리는 사람들,
숨을 크게 내뱉는 사람들이 어딜 쳐다보고 있는지
따라 보게 되겠지
그런 하루하루가 차곡차곡 쌓이다 보면
어느새 내 머릿속에도 새로운 이야기들이 가득찰 것
어떤 이야기는 빨리 잊으려고 노력할 것이고
어떤 이야기는 최대한 잊지 않으려고 몇 번이고
마음속에서 되새기겠지
겨울이 가르치는 판화는 양각인가요 음각인가요
아무튼 나는 그림 잘 몰라요

해가 짧아졌으니 주말엔 평소보다 일찍 일어나
그것에 대해 골몰하는 아침 옆에 차 한 잔
모락모락 김을 내고 있겠지
바른 생활은 어렵다 반대로
바른 생활만큼 쉬운 생활도 없다
귀여운 귀마개를 하나 사겠다고 다이어리에 적는다
그걸 끼고 거리를 걷다 우연히 친한 친구를 만날 거라고
아주 긴 시간이 필요했다고
적진 않았고
그냥 내가 할 수 있는 따뜻한 일들을 올겨울에는
더 많이 하고 싶다고
눅눅한 입김을 섞어 말해본다
김 서린 창에 내 이름을 적는 아이
이것은 장난스러운 낙서인지
아이가 보여줄 수 있는 가장 근사한 사랑 표현인지
그런데 이 아이는 대체 아까부터 왜 내 옆에 꼭 붙어 있는지
소리 없이 내 이름이 희미해지는 동안
저녁이 오고 귀가 쫑긋 선다
캐럴이 무너지고 있다
외투 단추를 하나둘 잠근다

직장인의 연말정산은 다음 해
겨울을 보내야 하는 무렵에 끝나지만
미리 연말을 정산하는 방식
입김
또 입김¹⁺낙서²⁺

뜻

¹ [명사] 각자 연말을 마무리하는 방식이나 내용.
² [명사] 급여 소득에서 원천 과세한 1년 동안의 소득세에 대하여, 다음 연도 초에 넘거나 모자라는 액수를 정산하는 일.

영등포

영등포에서 나는 기다린다. 영등포역 안에서, 타임스퀘어 앞에서, 그 앞 버스 정류장에서, 늦어지는 버스의 무료함을 피해 잠시 들어간 커피숍에서, 늘 나는 짧게라도 기다렸다. 목도리를 꽁꽁 싸매고. 발목을 가리는 긴 코트를 입고. 발이 시릴만큼 밑창이 얇은 가죽 구두를 신고. 목적과 대상을 애타게 기다렸다. 그래서 영등포를 생각하면 춥다. 글 쓰는 지금, 손이 차갑다. 당장에라도 입김이 나올 것 같다. 추워한 만큼 금방 따뜻해지려고 많이 애썼다. 포장마차에서 어묵 국물이며 순대, 떡볶이를 자주 사 먹었고 버스를 기다리며 붕어빵과 호떡을 양손에 들고 한 입씩 후다닥 먹어 치웠다. 영하의 날씨에도 커다란 트리 앞에서 몇십 장이고 사진을 찍어대며 명랑하게 웃었고 갓 나온 식빵과 바게트를 따뜻이 가슴에 품고 버스를 타기도 했다. 딱히 할 것도 없고 재미도 없는데 계속 후후- 따뜻한 입김을 불고 싶게 만드는 곳.‡능소화‡

뜻
[명사] 대한민국 서울특별시 남서부에 있는 구.

오다

내가 있는 곳으로, 내가 지나가고 있는 모든 풍경 쪽으로 겨울이 오고 있다. 겨울이 오기 전엔 늘 한 차례 어떤 방식으로든 이별과 아픔을 겪는다. 서운한 마음을 남몰래 쥐고 있다 놓치기도 하고 그때 왜 그랬지 하며 후회나 반성을 품을 때도 있다. 이 계절에는 너무 쉽게 자꾸 들뜨고 빠르게 쏟아진다. 추운 날씨를 좋아하지도 않는데. 연말과 한 해가 끝나고 있다는 아쉬운 감각 때문일까. 조급해진다. 원래도 저돌적인데 더 과감해진다. 만나자는 말과 좋아한다는 말을 칭찬을 쉽게 한다. 지금 다니는 헬스장 거울 한편에는 포스트잇에 하고 싶은 말을 적을 수 있게 만든 게시판이 있다. 포스트잇에 '곧 겨울이 옵니다'라고 적고 그 옆에 작은 트리와 내리는 눈을 그렸다. 딱히 하지 않아도 될 말인데 꺼내고 싶은 말이 자꾸 생긴다. 자꾸만 표현하고 적고 싶어진다.‡능소화‡

뜻
[동사] 어떤 때나 계절 따위가 말하는 시점을 기준으로 현재나 가까운 미래에 닥치다.

옥수동

겨울은 가난을 잘 들키는 계절이다. 몇 해를 살았던 동네의 기억이 모두 겨울인 것은 아마도 그런 이유겠지. 동호대교 건너 터널을 지나면 언덕 위로 빼곡하게 들어선 집들. 담장도 없이 서로 지붕이 맞닿아 있는 집들 사이로 미로처럼 나 있는 골목길. 가파른 경사로 이어진 계단. 폭설이라도 내리면 그 길, 그 계단은 모두 얼음장이었다. 내 신발은 밑창이 다 닳아 미끄러웠으므로 나는 지하철 출구를 나와 심호흡했다. 집까지 세게 넘어지지 않고 무사히 도착할 수 있게 해달라 기도하며 올려다본 옥수동은 풍경 그대로 커다란 크리스마스트리 같았다. 점점이 불 밝힌 집들의 창문이 오너먼트처럼 화려하게 반짝였다. 내 집은 언덕 맨 꼭대기에 있었다. 베들레헴의 별처럼. 평화와 안식을 향해 발걸음을 옮기는 나를 기다리던 곳. ‡유실‡

뜻

[명사] 서울시 성동구에 속한 동네. 옥정수(玉井水)라는 유명한 우물에서 유래된 지명.

온기

함께 일하고 있는 동료이자 사수 편집자 '넝쿨'과 점심을 자주 먹는다. 하루는 같이 점심을 먹으면서 대화를 나누고 있었는데, 넝쿨이 무언가를 떠올리는 데 실패해서 그 부분을 복원하고자 자신의 블로그를 뒤적거리다 찾는 모습을 볼 수 있었다. 평소 지류 일기장이나 파편적인 휴대전화 메모만 활용하는 나로서는 그 체계적이고 신속한 '디지털 아카이브' 능력이 내심 부러웠다. 그 모습을 보고 나는 즉흥적으로 말했다. 저도, 블로그 일기를 써볼까요? 넝쿨은 말했다. 왜 아직도 안 하고 있어, 빨리 해…….

나는 왜 기록에 더욱 집착하는 사람이 되었을까. 왜 나는 떠오르고 바라본 모든 것을 문장으로 담아내고 싶다는 욕망에 빠졌을까. 그 욕망이 사실상 불가능하다는 것을 알면서도. 기록은 대상을 완전히 품는 능력이 아니라 대상을 둘러싼 삶의 일부를 지워내는 능력임을 이제는 조금 알면서도. 안경을 쓰진 않았지만 순대국을 먹으면서 눈앞에 놓인 일상이 조금 희뿌연 느낌을 받은 이유는 기록의 태생이 불온함에 있음을 한 번 더 확인하고 싶어서였겠지.

오랜 시간 동안 블로그 일기를 쓰며 자기 몸과 의식

을 단련해온 넝쿨을 한번 따라 해보고 싶어서 올해 초 겨울부터 나도 블로그에 일기를 쓰기 시작했다. 한때는 거의 비공개적인 형태로 블로그를 단상 메모장으로 치열하게 활용해본 적은 있지만, 일상을 꼼꼼히 다듬으면서 그럴싸한 게시물 형태로 편집해 꾸준히 장면들을 전시한 경험은 전무했다. 그러다 보니 예전과 눈에 띄게 달라진 점이 있다면, 사진을 많이 찍게 되었다. 정확히 말하자면, 일기에 쓸 장면들을 수집하고자 주변 곳곳을 관찰하는 버릇이 생겼다……. 넝쿨과 나는 이 같은 모습을 한 사람을 '풍경 도둑'이라 칭하며 마음에 드는 풍경들을 열심히 훔쳤다. 풍경에게 미안한 마음이 가득하다. 어느 순간에는 풍경도 나를 한 번쯤 훔친 적도 있겠지? 그 순간은 언제였을까.

 삶에 치이기도 했고 나와는 조금 맞지 않기도 한 방식이라 일기를 쓰는 주기는 점점 느슨해졌지만 지금도 계속 쓰고 있어서 즐겁고 기쁘다. 내년 2월이면 블로그에 일기를 쓴 지 1년이 된다. 그걸 기념할 생각은 딱히 없었지만 지금 이 글을 쓰면서 왠지 기념하고 싶어졌다. 무언가를 꾸준히 나만의 방식으로 채워나가는 시간은 돌이켜보면 뿌듯하고 풍족한 온기로 가득할 테니까. 그렇지, 나는 방금 온기라는 말을 썼고, 사실 겨울에 느낀 온기에 대해 말하고 싶어 앞선 일화를 꺼낸 것이다. 일기의 달인 넝쿨이 일기에 쓴 문장 중에 다음 문장을 좋아한다.

"겨울이 포근하다는 것은 어떤 날들의 열기를 겨울까지 잘못 가지고 왔다는 증거일 텐데."

나는 이 문장을 읽고 한동안 마음이 고요해졌다. 어느 산장 안 벽난로 앞에 앉아 타닥타닥 소리를 내고, 자신을 잿더미로 만들기 위해 타오르는 불에 몸을 가두는 장작들이 건네는 온기를 온몸으로 그러쥐는 겨울밤을 상상해서 기분이 좋기도 했지만, 한편으로는 겨울에 잘못 도착한 열들의 웅성거림을 생각해보기도 했다. 웅성거리는 열들. 우리가 있어야 할 계절은 여기가 아니잖아! 겨울은 더 추워야 해. 우리가 있으면 방해될 거야. 그러면서 하나둘 모임을 취소하고 쉬쉬 사라지려고 하는 열들.

한껏 추워야 하는 계절에도 미약한 온기는 필요할 것이다. 겨울도 완전한 냉기를 원하지는 않는다. 그렇지 않으면 오히려 추위는 강조되지 않는다. 추위만 가지고서는 겨울을 확보할 수 없다. 겨울일수록 부각되는 온기들이 있을 것. 밖으로 삐져나온 주머니 같은 거랄까. 끝까지 다 올라가지 않는 지퍼 같은 거라 불러도 좋겠다. 여름에 온기까지 선물 받으면 왠지 등줄기에 땀이 죽죽 흐르고 몸이 옷에 딱 달라붙어 찝찝해지는 기분을 느껴볼 수 있듯. 여름이 가끔 추위를 탐내듯.

물론 한겨울에 늦봄이나 초여름처럼 극단적인 날씨를 겪어도 괜찮다는 말을 하려는 것은 아니다. 생각보다 그리 춥지 않은 겨울을 좋아한다는 뜻도 아니다. 다만 이런 질문을 해보게 되는 것이다. 추위는 온기라 부를 수 없을까. 엄동설한은 일말의 온기도 품고 있지 못하는가. 반대로 온기는 추위가 될 수 없는가. 삶의 안쪽을 점점 더 파고들면서 추위와 온기의 상관관계가 종종 배반되는 순간을 보게 된다. 너무 지나친 온기에 동상을 입는 경우도 있다. 너무 시린 추위에 더욱 든든해지는 안감도 있다.

　대표 사진을 액자화하는 형태로 계속 일기를 채우고 있다. 제목과 함께 나란히 놓인 정방형 배열을 보고 있으면 마음이 절로 차분해진다. 어느 날 나도 누군가에게 받은 질문으로 떠오르지 않는 기억을 차츰 복원해볼 수 있을 것이다. 현재성을 잃은 과거는 완전한 형태로 복원될 수 없겠지만 디지털 아카이브 능력을 자랑하며 내가 차곡차곡 쌓아온 온기들을 구경해도 좋다고 말해볼 수 있을지도 모른다. 의기투합한 문장들은 서로 마음을 들여다볼 줄도 모르면서 순간이 남긴 온기를 잃지 않기 위해 가만히 백지 위에 누워 버틴다. 숫눈 위에서 발자국 없이 도착할 수 있는 약속 장소 같다. 사실 내가 처음부터 복원하고 싶었던 온기 같다. 자꾸 겨울을 떠나려고 하는 온기들. 눈밭 한가운데서 벌벌 떨면서도 우리가 서로를 믿고 지탱할 수 있었던 이유. 점점 추워질수록 거의 하나가 될 수 있겠다는 착각이 들 정도로 꼭 끌어안으며 가지고 있는 온기를 서로에게 다 내주었던 기억. 이것이 우리가 온기를 잃는 방식으로도 온기를 보존할 수 있는 법칙. ‡낙서‡

뜻

1 [명사] 따뜻한 기운.
2 [명사] 음식을 끓이거나 데우는 데 쓰는 그릇.

온수

밖에서 돌아와 따뜻한 물에 손을 씻으면 어쩐지 용서받는 기분이 든다. 나는 어떤 죄책감을 지니고 살았었나. 온몸이 얼어붙는 느낌이 들면 덩달아 마음도 예민해지고는 하는데, 꼭 따뜻한 물이 나올 때까지 기다려 손을 씻으면 어쩐지 순한 사람이 된 것만 같다. 가만히 나에게 온수를 내어주고, 두 손을 씻어 잠깐이나마 체온이 올라갈 때, 내가 나에게 대접할 수 있는 가장 쉬운 방법이라고 여기며, 나를 기꺼이 용서한다. 살 것 같다는 마음이 이런 것인가? 특히 좋은 향이 나는 핸드워시나 비누를 더하면 더운물에 향이 공기 중에 빨리 퍼져 잠깐이나마 행복한 순간을 누릴 수 있다.‡넝쿨‡

뜻
[명사] **따뜻하게 데워진 물.**

이름

날이 흐렸다. 나는 노팅힐 서점을 향해 걷고 있었다. 다행히도 비는 내리지 않았지만 주변은 모두 울적하게 젖어 있었다. 나무와 자동차, 파스텔색 건물, 오래된 벽돌, 수군대는 말소리…… 어제오늘 이름 모를 수많은 가게를 지나쳤다. 잠시 멈춰 사진을 찍기도 하고 가게 안에 진열된 상품들을 주의 깊게 바라보기도 했다. 여행을 마친 지금, 가볍게 건너뛴 아침 식사처럼 그저 지나친 이름 모를 가게들이 삼삼히 떠오른다. 간판 없는 초콜릿 가게, 칠이 벗겨진 문이 있던 카페, 영국 국기가 달린 랍스터 식당, 간판보다 안에 쌓인 책이 먼저 눈에 띈 서점…….

내가 지나친 것들은 모두 이름을 가졌지만 끝내 나는 이를 기억하지 못했다. 그럼에도 마음에 남는 건 언제나 그들의 이름이었다. 여행은 항상 나를 호젓하게 그러나 미련하게 만들었다. 지금은 볼 수 없는 풍경을 원하게 만들었고 거리의 멜로디를 그리워하게 만들었으며 소란한 외국어를 사랑하게 만들었다. 여행을 마치고 나면

늘 편지를 쓰고 싶어졌다. 도시에게, 거리에게, 풍경에게, 나를 스쳐 지나간 이름에게……. ‡능소화‡

뜻

1 [명사] 다른 것과 구별하기 위하여 사물, 단체, 현상 따위에 붙여서 부르는 말.
2 [명사] 사람의 성 아래에 붙여 다른 사람과 구별하여 부르는 말.

이브

크리스마스보다 크리스마스이브를 더 바란다. 크리스마스가 기다려지는 이유 중 하나 또한 크리스마스이브를 잘 보내기 위함이다. '이브'라는 단어가 갖는 보챔과 설렘, 재촉과 마냥 기다림이 좋다. 이브에는 생각보다 할 일이 많다. 다음 날 먹을 케이크와 음식을 사고, 건넬 선물을 고르고, 입고 갈 새 옷을 쇼핑하기도 하면서 내일을 맞이할 벅찬 기대와 낭만 속에서 늘 그렇게 보내왔다. 내일이라는 설렘이 있기에 이브의 시간은 더 소중해진다. 그러므로 이브의 시간은 그 자체로 로맨틱하다. 기념일에 이브라는 말을 붙여 기념일 전날을 모두 특별하게 장식하고만 싶다. 밸런타인데이이브, 졸업식이브, 생일이브, 결혼 기념일이브…… 기념을 잘 지내기 위한 마음 준비의 단계라고나 할까. 더 들뜨지 않기 위한 예행연습이라고도 할까. 다음의 기운을 한껏 모아두면서 그 시간 속에 갇혀 행복한 감정을 골라 연습하는 기분. ‡능소화‡

뜻
[명사] 명절이나 축제일 따위의 전날 밤.

이터널 선샤인

겨울이 오면 반드시 찾게 되는 영화가 있으신가요? 저에게도 그런 영화는 얼마든지 있는데요. 막상 "네가 가장 좋아하는 겨울 영화는 뭐야?"라고 물으신다면 우물쭈물하다가 대답을 놓칠 것만 같아요. 그만큼 겨울을 사랑하는, 겨울을 사랑하게 해주는 영화는 방대하지요. 솔직히 가장 먼저 떠오른 영화는 임대형 감독의 〈윤희에게〉였습니다. 2019년은 개인적으로 저에게 무척 행복한 해였기 때문인데요. 김보라 감독의 〈벌새〉를 먼저 보고, 겨울에 〈윤희에게〉에 도착했을 때, 여름과 겨울을 이으면서, 불안하고 어수선한 유년의 상처와 한바탕 지난 사랑 이야기를 나란히 놓을 수 있어서 좋았어요. 그런데도 결국 돌아오는 영화는 미셸 공드리 감독의 〈이터널 선샤인〉이네요. 아시다시피 이 영화의 제목은 알렉산더 포프의 시에 나오는 구절 "무구한 마음의 영원한 햇빛Eternal Sunshine of the Spotless Mind"을 인용해 썼어요. 근사한 제목이라고 생각해요. 영원한 햇빛과 무구한 마음이 꼭 같은 모양을 하고 있는 것처럼 보이기도 하고요. 영원한 햇빛은 무구한 마음에만 담길 수 있다는 뜻처럼 느껴지기도 하고요. 이 영화는 온통 겨울입니다. 겨울밖에 없어서 좋아요. 함께 눈밭을 달리면서 눈보라를 일으키는 사랑이 여기에 한껏 담겨 있어요. 우리는 기억을 완전히 도려낼 수 없어서 기록을 향해 나아가는 사람들 같아요. 기억을 지우려는 노력은 이상하게도 기억을 더욱 견고하게 만드는 것 같아요. 인간은 필연적으로 기억과 붙어야만 하는 존재라서, 설령 그 기억을 잘 지웠다고 하더라도, 마음에서 결코 지울 수 없는 감정은 그 기억을 완전히 불러일으키지는 못하더라도, 나를 자꾸 흔적을 쫓아가는 사람으로 만들어요. 사라진 기억을 어떻게 기록할 수 있을까요. 사랑을 지우고 싶은 마음이 그 시절이 얼마나 사랑으로 가득 찼는지 보여주는 지표가 된다면. 우리는 우리의 기억과 기록이 완벽하지 않음을 알기에 삐뚤빼뚤한 글씨로 다시 노트를 펼쳐봅니다. 불완전한 문장을 적어나가며 오늘의 마음을 그려봅니다. 지우려 해도 다 지울 수 없는 것. 썼으나 차마 다 말하지 못한 것. 영원한 햇빛은 아마도 그런 뜻이겠지요.‡낙서‡

뜻

[명사] 2004년에 개봉한 미셸 공드리 감독의 영화.

인연

좋은 기회로 우연히 알게 된 사람이 있다.

문자로 몇 마디 나누었을 뿐인데 마음이 든든해지는 사람.

'생각지도 못했던 택배를 받은 것처럼 즐거운 시간이 되셨으면 좋겠어요'라는 말로 인사를 대신하던 그 사람.

'좋은 하루 보내세요'라는 말 대신 '좋은 하루 보내주세요'라고 말하던 좋은 사람.

그 말에 덜컥 웃음이 나면서 기분이 좋아졌다.‡능소화‡

뜻

1. [명사] 사람들 사이에 맺어지는 관계.
2. [명사] 어떤 사물과 관계되는 연줄.

일월일일

화면에서 울리는 제야의 종소리를 듣고 졸음이 쏟아져 잠들고 일어나면 새해 첫날이다. 놀랍게도 아무런 변화가 없다. 무려 1년이 지났는데 가족 모습은 그대로고, 집 안 분위기도 평소와 다를 바 없고, 조금 들썩거리는 휴대전화 속 메시지들이 있긴 하지만, 친구들도 모두 그대로고. 아무것도 바뀌지 않았다. 연 나이가 바뀌기는 했지만 아직 적응되진 않는 시기. 때때로 아니, 벌써 하며 부정하기도 하지. 졸린 눈을 비비며 식탁 앞에 앉아 떡국을 먹는다. 매번 먹는 떡국이지만 1월 1일에 먹는 떡국은 유독 맛있다. 왜냐하면 한 그릇을 다 비우면 어딜 나가지 않고 다시 잠을 자러 방으로 들어갈 수 있기 때문이다…….

다른 계절들과 확연한 차이가 있다면, 한 해의 끝과 시작을 연결하는 힘이 있다는 것이다. 이것은 겨울만이 가지고 있는 유일한 능력이다. 과거와 미래를 잇는 교량이 공중에서 끊어지지 않고 우리가 미래로 잘 넘어갈 수 있게 낮은 자세로 기다려주는 존재가 바로 겨울이다. 또한 끝과 시작의 경계를 허무는 계절이기도 하다. 1월 1일은 한 해가 저물었음을 공표하는 판결이자 한 해가 새로 시작되었음을 알리는 확성기이기도 하니까. 1월 1일이 들려주는 목소리는 사뭇 진지하면서도 천진하다.

1월 1일이 생일인 친구를 안다. 그런 친구의 생일은 결코 잊을 수가 없다. 처음에 생일이 1월 1일이라는 말을 듣고는 와, 그럼 새해가 올 때마다 주변 친구들에게 많은 관심과 축하를 받을 수 있겠는데, 너무 좋겠다 하며, 실로 새해 첫날이 되면 거의 잊지 않고 축하해주었다. 그러나 어느 순간부터 새해가 주는 들썩임에 생일이 묻히는 경우도 적지 않았던 모양이다. 생일과 새해 사이에서 어느 기분에 장단을 맞추어야 할지 모를 때도 있었을 것이다. 밖에서 무얼 먹고 싶어도 쉬는 가게들이 많아 외식은 뒤로 미루고 주로 집에서 생일 파티를 했을 수도 있겠다.

　무엇이든 끝내기에도 시작하기에도 좋은 시간. 너와 내가 나란히 서 있으면 첫날이 되는 시간. 앞으로 어떤 처음이 우릴 기다리고 있을까, 두근거리는 마음을 품어보는 시간.‡낙서‡

뜻

[명사] 새해 첫날. 1월 1일을 가리킨다.

입김

1.

입김이 나오는 걸 보니 이제 겨울이 온 것 같다고 함께 걷는 이에게 말한다. 그도 "하~"하고 길게 입김을 불어보더니, 정말 그렇다며 맞장구친다. 추위로 접어든 계절의 공기 쪽을 향해서 모락모락 우리의 온기를 피워 올리며 시작되는 겨울. 시린 손 비비면서 나를 오래 기다린 사람의 꽁꽁 언 손을 잡아 "호~"하고 입김 불어 덥혀 주어야지. 그리고 나선 같이 따뜻한 찻집에 들어가 서로의 안경에 하얗게 낀 김을 바라보다 웃음을 터뜨려야지. 마주 보고 앉아 뜨거운 차를 "후~" 불어 마시는 동안 김이 서린 곁의 창가에는 예쁜 글자들, 우리 이름이나 하트 같은 것들을 손가락으로 그려도 봐야지. 온도로, 모양으로, 사랑을 증명할 수 있게 해주는 겨울 입김. ‡최다정‡

2.

나는 입김이 꽤 시적인 이미지라고 생각해왔다. 저 멀리서 누군가가 대화를 하고 있을 때, 소리는 들리지 않고 입김만 모락모락 퍼져나가는 것을 보고, 겨울의 말풍선이라고 생각했다. 사람의 안쪽은 생각보다 따뜻해서, 겨울이면 '숨'을 내뱉는 것을 모조리 들키고 마는 여린 존재들이라는 것. 입김을 통해 배운 풍경은 많은 것을 너그럽게 했다. 추워서 발을 동동 구르고 있다가 양껏 들이마신 차가운 숨을 다시 내뱉을 때 입김은 풍성하게 사방으로 흩어진다. 누군가와 추운 거리를 돌아다니면서, 그가 내뱉은 희고 여린 입김을 볼 때, 문득 웃음이 나곤 한다. "많이 춥지?" 하고 묻는 나의 입에서도 하얀 입김이 뿜어져 나온다. 입김들이 서로의 얼굴을 향해 모락모락 피어나는 겨울 거리의 말풍선들을 떠올리면 왠지 살아내고 싶어진다. 삶이나 혹독한 장면이나, 추운 마음의 날들을. 잘 살아내지 않아도 괜찮으면서, 단지 입김을 통해 살아 있는 순간을 실감하기만 해도 괜찮다는 생각을 해보게 되는 것이다.‡넝쿨‡

뜻

[명사] 입에서 나오는 더운 김.

자장가◇자국눈◇잔◇잠복소
정류장◇지우개

자장가

노래하는 사람도 듣는 사람도 서로 가깝다. 가까워서 심장의 두근거림마저 느껴진다. 쌔근거리는 숨소리와 같은 네 심장의 리듬을 따라가며 나는 절로 기도하는 마음을 알게 된다. 계절은 아기를 자주 아프게 하고, 아픈 아기는 쉽게 잠들지 못해서 나는 긴긴 자장가를 발명해야 했다. 잠 못 드는 너를 보며 자장가는 어째서 슬픈 선율인지 알게 된다. 품에 안고 토닥이는 동안 네 열기는 내게 고스란히 전이되고 이마에 얹어둔 찬 수건도 어느새 데워져 있다. 서늘한 밤공기를 적셔다가 네 이마에 올려두고 싶은 마음이 간절해진다. 아기를 낳아 키우다 보면 자장가가 실은 나를 위한 노래라는 것을 알게 된다. 네가 잠든 후에도 혼자 노래하는 날이 많았다. 모든 걱정을 잠재우기에는 충분치 않아서 밤새 멈추지 못하고 노래에 기대어 있었다.‡유실‡

뜻
[명사] 어린아이를 재우기 위하여 부르는 노래.

자국눈

밤새 몰래 온 손님처럼 아무도 밟지 않은 새하얀 눈이 아침 햇살에 반짝거린다. 아이는 여름 홑이불처럼 마당을 살포시 덮을 정도로만 내린 자국눈이 야속하다. 눈사람도 만들고 눈싸움도 할 수 있을 만큼 소복이 쌓였다면 좋았을 것을. 함박눈을 기다리는 아이의 눈에 자국눈은 그저 아쉽기만 하다. 남의 속도 모르고 강아지는 신이 나서 뛰기 시작한다. "눈 위에서 개가 꽃을 그리며 뛰오"라는 시처럼 눈 위로 강아지의 귀여운 발자국이 새겨진다. 눈의 흔적이 모두 사라질까봐 어느새 아이도 강아지 곁으로 와 뛰놀고 있다. ‡유실‡

[명사] 겨우 발자국이 날 만큼 적게 내린 눈.

잔

[예시 1] 겨울이라면 컵보다는 잔이라 부르는 것이 맞다. 겨울의 큰 기쁨은 아무래도 따뜻한 커피, 차, 술…… 추운 날 김이 폴폴 나는 잔을 보는 게 좋다. 이럴 땐 잔과 같은 재질의 받침이 있다면 더욱 좋다. 더운 날 마시는 차가운 음료와 추운 날 마시는 따뜻한 음료가 주는 행복은 다르다. 전자는 큰 소리로 으아 살겠다 하는 것이라면 후자는 혼자 속으로 고요하게 만족스러워지는 것이다. 여름은 여러 사람들이 둘러앉은 큰 테이블에 각기 다른 음료가 담긴 여러 컵들이 늘어져 있는 풍경이라면 겨울은 내 앞에 단 하나의 적당한 잔이 놓여 있는 장면으로 충분하다. 겨울의 행복은 그런 식이다.

[예시 2] 어느 해 겨울, 런던에 있는 친구 집에 며칠 묵을 일이 있었다. 그 집에 도착하자 친구는 지내는 동안 쓸 수 있도록 열쇠를 복사해 주겠다며 노점 열쇠집에 데리고 갔다. 우리는 집 안에서부터 차를 담아 마시던 머그잔을 그대로 들고 나갔다.(영국 사람들이 자주 그런다는 것은 나중에 알게 되었다) 사람들이 오가는 추운 길거리에서 열쇠가 복사되기를 기다리며 나는 묘한 기분을 느꼈다. 손잡이가 달린, 도자기로 만들어진 잔과 그 잔을 감싸 쥐고 있는 내 손의 모양은 이전까지 실내에만 있던 것이었다. 그 서먹함은 일종의 해방감이었을까? 사물의 위치, 어쩌면 지난 세계의 질서를 재편한다는 감각. 마치 잠옷을 입고 먼 길을 걷는 듯. 겨울의 기분은 그렇게 안과 밖에서, 양쪽으로 온다. ‡공항옆숙소‡

뜻

1̄ [명사] 차나 커피 따위의 음료를 따라 마시는 데 쓰는 작은 그릇. 손잡이와 받침이 있다.

2̄ [명사] 술을 따라 마시는 그릇. 유리·사기·쇠붙이 따위로 만들며, 크기와 모양은 여러 가지이다.

잠복소

'시각적'인 감각은 현혹되기 쉽다. 극의 한 장면 속 앙상한 나뭇가지, 스노머신으로 뿌리는 인공의 눈, 어딘가 어설프게 놓인 눈사람 등 약간의 연출만으로도 매서운 겨울 온도를 가공할 수 있다는 이야기다. 그러니 시각적인 요소야말로 계절을 알아볼 수 있는 가장 확실한 방법인 것이다.

겨울이 되면, 나무들도 볏짚으로 된 '잠복소'라는 옷을 입는다. 숨을 곳 없는 나무들을 위한 월동 준비. 나는 그곳에서부터 겨울을 마주한다. 사람의 키를 훌쩍 넘는 나무에는 다소 민망하리만큼 짧은 기장의 옷이지만, 추운 겨울을 잘 날 수 있게 돕고자 고안해낸 누군가의 따뜻한 마음인 줄만 알았다. 그러나 실상은 해충이 월동할 은신처를 만들어 유인하고, 제거하는 방제 방식 중 하나이다.

낭만적으로만 보였던 '겨울옷'이 해충들의 은신처라니. 그것도 추위를 피해, 살기 위해 들어간 곳에서 맞이하는 죽음이라니.(물론 해충이지만) 마냥 따뜻할 수만은 없는 이야기지만, 그렇다고 해충과 공생할 수도 없는 노릇이다.

그 역할이 뭐가 되었든 나무가 입는 '겨울옷'임에는

변함없다. 겨울 외에는 볼 수 없는 유일한 계절의 언어. 나무들에 바치는 겨울 찬가.⁺화유⁺

뜻

1̄ [명사] 드러나지 않게 숨었거나 숨기 위한 곳.
2̄ [명사] 해충이 박혀 있는 곳.

정류장

우리는 그곳에서 함께 버스를 기다렸다. 나는 배웅하는 사람. 너는 버스에 오르는 사람. 거의 매일 밤 우리는 같은 버스 정류장에 정박한 배처럼 있었다. 버스를 몇 대씩 그냥 보내며 막차가 몇 시에 올지 궁금해하면서. 버스를 타고 가는 건 너인데 정작 고개를 빼고 버스가 오는 방향을 바라보며 기다리는 사람은 나였다. 멀리 네가 타고 가야 할 버스가 보이면 먼저 네게 그 사실을 알려주는 사람도 나였다. 너는 주춤거리다가 다음 버스를 타겠다고 선언했고 나는 후창하듯 재빨리 화답했다. 그래!

눈이 소복이 쌓인 작은 지붕 아래 우리가 잠시 머물 집이 되어주던 정류장. 안온한 연애에 대한 기억은 살아가는 동안 사람에게 오래 용기가 되어준다. 오롯한 혼자가 되고 난 후에도 떠올리면, 그날의 나를 뒤돌아보고 다시 뒤돌아봐주던 너의 눈빛은 정확히 나를 향하고 있다. 우리가 무엇으로 소원해졌는지 기억나진 않아도 정류장에서 내 곁에 오래 머물러주던 너의 다정과 온기는 분명하다. ‡유실‡

[명사] 버스가 사람을 태우거나 내려 주기 위하여 머무르는 일정한 장소.

지우개

1.

지우개는 지울수록 둥그러진다. 지우고 지우다 자신의 뾰족한 네 귀마저 지우고 어디론가 굴러갈 것처럼 동그래진 지우개를 보면 겨울을 맞은 우리들이 떠오른다. 흰 눈을 이불처럼 덮고 졸고 있는 고양이, 도톰한 외투를 입고 뒤뚱거리며 걷는 사람들, 무엇보다 휴식이 필요한 표정의 거리를 닮은 것 같다. 겨울은 동그란 지우개가 되는 시간. 이불처럼 포근한 코코아 한 잔, 설탕에 절인 듯한 캐럴 음악이 지나온 계절의 쓸쓸한 사연을 녹일 만큼 충분히 달콤한 이유일 거다. 자, 이제 기억의 모서리를 접고 다음 장으로 굴러갈 시간이다. ‡박공원‡

2.

나뭇잎이 오른쪽으로 갸우뚱해 있으면, 그쪽이 볕이 잘 드는 방향임을 알 수 있다. 더 높이 올라가고 싶으면, 위로 발돋움하고, 저곳이 더 밝게 빛나면, 방향을 돌려 그곳으로 향한다. 끊임없이 말하며 온몸으로 표현하는 모습을 보면 '아, 너는 그곳으로 더 나아가고 싶구나' 그 의지에 박수를 보내고 싶고, 그 돌진하는 푸르름 안에서 나도 함께 달려가고 싶다.

하지만, 그 모든 것이 지워진 겨울나무는 말이 없다. 그동안의 의지는 지워버리고, 다시 처음부터 시작이라고. 보란 듯이 앙상해진 몸뚱이를 보면, 쓸쓸하다 못해 씁쓸한 마음마저 든다. 그렇게 열심히 나아갔는데, 하얗게 지워버리고 다시 처음부터 시작이라니.

서로 대화하지 않는 계절이다. 원하는 방향을 보여주지 않는 계절.

그렇기에 오롯한 그 모습이 비로소 드러나는 계절. 오랜 시간 나아갔던 방향만 침묵으로 적나라하게 드러내 보이는 계절.

그 푸르름은 지워진, 있는 그대로의 너를 마주하는, 미묘하게 비틀려 있는 그 몸을 마침내 사랑하게 되는 순간이다.‡우량콩‡

뜻

[명사] 글씨나 그림 따위를 지우는 물건.

찻잔◇창문◇첫눈◇추억◇춥다
취기◇치즈케이크

찻잔

여기저기 여행을 하며 수집한 찻잔은 내 부엌 찬장 한 편을 가득 채우고 있다. 그 나라의 상징이라고 할 수 있는 동물이 그려진 찻잔도 있고, 고풍스러운 유적지가 그려진 찻잔도 있다. 그 나라에서 울창하게 자라는 나무로 만든 찻잔, 찻잔으로 유명한 브랜드의 고가 찻잔도 있다. 그런가 하면, 답답하고 모난 마음이 만져지던 어느 겨울날 '사장님이 미쳤어요' 같은 플래카드가 간이로 걸린 점포정리 가게에 들어가 충동적으로 가장 비싼 도마와 찻잔을 사 온 적도 있었다. 금장으로 띠를 두르고 있는 찻잔은 나의 수치심이자 커다란 자랑이기도 하다. 계절별로 상품을 내놓는 유명한 스타벅스의 찻잔도 있으나…… 이 나열을 종식한 일은 엄마가 신혼 때 맞춰 왔다는 찻잔을 우리 집에 한 조 데려온 것이다. 고향 집을 대대적으로 리모델링하기로 결심한 엄마는 모든 것을 '버리는 것'에 초점을 맞췄다. 버리고 싶다는 마음에는 쓸모없는 물건이 많다기보다, 한 시절을 비워내고 싶은 엄마의 절박한 마음 같기도 했다. 나는 호시탐탐 고향 집에 내려가 집으로 가져올 만한 물건들을 찾아보았다. 테두리에 금장이 둘러져 있는 주황색 찻잔. 반짝거리는 유약이 방금 마른 것처럼 새것 같았고 마차를 탄 공주가 그려져 있는 그 당시 유행했던 찻잔이었다. 언젠가 잊고 지내다가 레트로 찻잔이 유행하며 내 타임라인에 우연히 등장했을 때에도 그 찻잔이 있었다. 반가운 마음에 손님 대접용으로 겨우 몇 번 얼굴을 내밀었던 찻잔을 꺼내어 차를 마셨다. 성미가 급한 나는 차를 즐겨 마시지 않았다. 빨리 마실 수 없다는 이유로 내쳐온 시간이기도 했다. 그러나 어느 날부턴가, 나를 차분히 달래는 수법으로 차를 마시기 시작했고 일본의 어느 킷사텐처럼 찻잔을 골라 차를 마시는 재미를 느끼기 시작했다. 겨울에는 그 차분한 시간을 좋아한다. 이 차를 다 마실 때까지 떠날 수 없는 시간에는 아무것도 하지 않는다. 적당한 과자나 떡을 몇 가지 차려놓고, 찻잔에 차를 담아 마신다. 혼자서 수다를 떠는 것처럼 많은 생각들과 이야기를 나눈다. 다음 날 아침, 싱크대에 놓여 있는 차가운 찻잔을 발견하면서 비로소 그 시간이 끝나는 듯하다.‡넝쿨‡

툣
[명사] 차를 따라 마시는 잔.

창문

안쪽의 풍경은 어떨까. 나는 창문 아래 서 있는 사람. 불 켜진 창문을 올려다본다. 창문의 크기로 그 안의 온도를 가늠하는 일은 사람을 오래 생각하게 만든다. 생각하다 가 이내 외로워진다. 외로웠다가 사라지고 싶은 마음에 닿는다. 겨울에 사라지는 사람들은 그렇게 창문 밖을 오 래 지켰던 사람들. 밤이 깊어지면 창문은 골목의 어둠을 끌어다 그 안에 풀어놓는다. 혹한의 추위는 창문 밖에 두 고서. 캄캄해진 창문 안쪽의 풍경은 또 어떨까. 사람들은 무슨 꿈을 꾸는 중일까. ‡유실‡

뜻

[명사] 공기나 햇빛을 받을 수 있고, 밖을 내다볼 수 있도록 벽이나 지붕에 낸 문.

첫눈

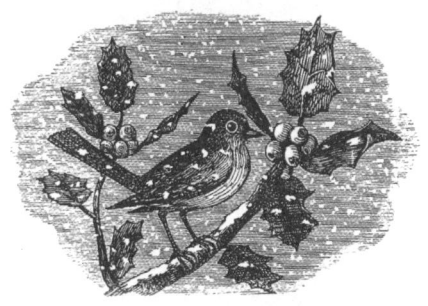

누가 나에게 첫눈이 어땠는지 묻는다면 나는 모든 소음을 덮어주는 흰 밤이었다고 얘기할 것이다. 나의 첫눈은 TV 소리가 시끄럽게 퍼지는 밤에 왔다. 창밖으로 내려앉는 눈송이들로 밤이 하얗게 변하고, 빛이 은은하게 퍼져나갔다. 나는 홀린듯이 그 풍경을 넋 놓고 바라보았다. 차갑지만 모든 것이 포근해지는 풍경, 오히려 침묵 속에서 더 많은 이야기가 생겨나는 풍경, 그것이 나의 첫눈이었다.

뽀득뽀득 눈 위를 걷는 소리. 매년 첫눈은 내 코끝을 시리게 하며 다가온다. 코끝에서 손끝으로, 서늘한 촉감으로 내게 찾아오고 그럴 때마다 겨울에만 느낄 수 있는 소중한 존재들을 발견하게 된다. 나뭇가지 위에서 얌전히 자고 있는 눈송이. 진심 어린 말을 위해서 꺼내게 되는 입김, 흩어지는 빛처럼 희미해지는 그림자, 밤새 누워 있을 것 같이 눈이 가득 쌓인 놀이터, 이런 고요한 모습들로 겨울의 흰 밤은 더할 나위 없이 포근한 풍경이 된다.

아침이 되어 흰 밤이 끝날 즈음, 나는 다시 새로운 흰 풍경으로 깨어나게 된다. 밤새 부드러워진 마음을 떠올리며 새로운 결을 만든다. 침대 위에서 볼을 붉게 적신 채, 밤을 새우는 고통보다 밤을 새우는 사랑이 조금은 더 위대하다고 깨달은 채, 오늘의 눈이 어제의 눈보다 아름다울 것이라고 짐작한 채. ‡심재헌‡

뜻

[명사] 그해 겨울이 시작된 후 처음으로 내리는 눈. ≒초설.

추억

지나간 일을 돌이켜 생각함.

　추억을 적기 전, 사전에 먼저 뜻을 검색해보았다. 겨울이 오고 연말이 되고 새해가 시작되면 자연스레 추억에 잠긴다. 추억 뒤에 붙는 여러 동사도 좋다. 젖다, 잠기다, 갇히다, 파묻히다, 빠지다, 매이다, 괴이다, 흔들리다 등…… 추억은 어째서인지 영원히 기억될 첫사랑의 이름 같다. 겨울 아침 안개처럼 아련하고 구슬프다가도 쌀알같이 흩날리는 눈처럼 성가시게 하는. 단어 자체가 다사다난한 감정을 지녔기에 추억은 그 자체로 어쩔 도리 없이 소중히 여기게 된다. 추억이 퍼지며 생기는 여러 장소와 이름, 색과 향, 모양과 맛. 늘 나는 이런 것들 앞에서 어른이 되는 일을 상상하곤 했다. 당시엔 몰랐으나 다시 떠올렸을 때 추억이 되었구나 하는 일로 나는 조금 더 단단해졌으니까. 한 해 동안 다가온 새로운 추억들로 나는 천천히, 열심히 자랐다. 그러니 이번에도 다시 한번 더 용기 내 살아봐야지. 추억이 되어가고 있는 중이니. ‡능소화‡

뜻

[명사] 지나간 일을 돌이켜 생각함. 또는 그런 생각이나 일.

춥다

그래서 두꺼운 옷들을 한꺼번에 다 꺼냈고. 얇은 옷들은 잠깐만 안녕. 아차차, 그래도 안에 입을 수 있는 얇은 옷들도 몇 개 있지. 겨울을 포근하게 보내기 위해서는 두꺼움과 얇음이 공존해야 하지. 실은 겨울이야말로 가장 다치기 쉬운 피부를 가지고 있지 않나. 매번 세상을 어둡거나 흰 색으로 덧칠하는 일이 쉽지만은 않겠다. 그러니 겨울을 눈동자에 비유하는 일도 그리 어렵지만은 않다. 검은자위와 흰자위가 교란되는 현상 자체가 우리가 대상에게 건네는 시선이라면. 겨울은 표백에 유능한 도배 기술자. 겨울은 두피가 아프지 않은 탈색을 거뜬히 해내는 미용사. 그래, 여기까지 말하고 나니 느껴진다. 춥다, 추워. 외투를 차례로 만져보았고 주머니에 손을 넣어 아무

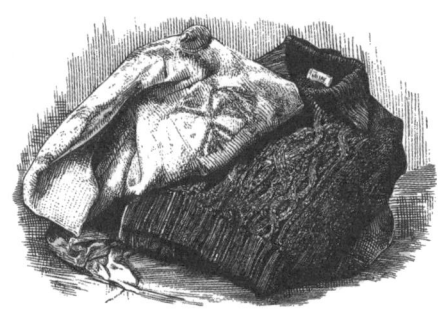

것도 없나 확인했고. 아무것도 없었다. 보고 싶은 사람들을 떠올렸다. 올해가 가기 전에는 꼭 만나야지, 만나서 이 이야기만큼은 전해야지. 조만간 내가 먼저 연락을 할 것 같아. 만나서 같이 따뜻한 국물 요리를 먹자. 몸을 데우자. 말할 것 같다. 가만히 서 있던 가을을 지나치고 겨울을 보러 가는 느낌. 많은 것들을 떠나보내는 기분. 많은 것들이 지나가고 있는 직감. 그렇구나. 겨울이네. 춥다, 추워. 추우니까.＊낙서＊

뜻

1 [형용사] 대기의 온도가 낮다.
2 [형용사] 몸이 떨리고 움츠러들 만큼 찬 느낌이 있다.

취기

자주 가던 카페에 감정이 있었다
걷던 골목엔 취기가 돌았다
청춘이 주었던 그 취기
곁에 앉아 있음에도 설레던 순간 속 순간들
두근대서 날 불안하게 했던 시간들
잎사귀가 떨어지고 나뭇가지가 흔들린다
흩날리는 건 모두 언제나 다시 돌아올 감정들
그리움. 추억. 노랫말. 익숙한 간판
웃음소리와 누운자리들
흐릿해져버려 이젠 아무것도 아닌 것들이 한꺼번에 불어닥치는 그 순간들 앞에 서있다
오후의 어느 시간에, 난 익숙한 거리를 지나치고 있었다
정말 오랜만에 쇠약했던 감정들을 쥐어 짜냈다

‡능소화‡

뜻
1 [명사] 술에 취하여 얼근하여진 기운.
2 [명사] 푸른 기운.

치즈케이크

따뜻한 아메리카노와 치즈케이크를 겨울에 꼭 한 번은 먹는다. 최근에는 코코아 가루가 들어간 바스크 치즈케이크를 먹었다. 코코아 가루를 자칫 잘못 넣으면 치즈케이크가 아닌 초콜릿케이크가 되어버리기에 양을 적절히 조절하기란 쉽지 않아서 무릇한 식감의 바스크 치즈케이크와 코코아 가루가 잘 어울릴지 의아했다. 한입 베어 먹어본다. 흑과 백, 낮과 밤, 감성과 이성처럼 그 둘은 서로를 등졌지만 이내 서로에게 기댈 수밖에 없었지. 불안정하고 불규칙한 오르막길을 등산하는 일처럼, 그 둘은 서로의 마음에 의구심을 품으면서도 서로의 등을 빌렸을 것이다. 하나의 완전한 초코가 아닌 서로의 존재를 배려하고 이해하며 포근히 겹쳐진, 사랑과 아름다움의 한 형태로서.‡능소화‡

뜻
[명사] 치즈를 넣어 구운 케이크.

카드◇카메라◇캔◇케이크◇코트

카드

카드를 사기에도, 건네기에도, 쓰기에도 좋은 계절이다. 그럴 이유가 많다. 그래서 연초에는 카드를 많이 산다. 서점이며 소품숍이며 문구점이며 이곳저곳을 돌아다니면서 마음에 드는 모양과 그림의 카드를 한 아름 모은다. 연초에 잔뜩 구매한 카드는 그해 야금야금 하나씩 꺼내 쓰다가, 연말에 한꺼번에 펼쳐놓고 받는 이와 어울리는 것으로 골라 짧은 편지를 쓴다. 크리스마스 같이 특별한 날에는 3D처럼 촤르륵 펴지는 알록달록한 카드를 새로 사고 싶어지기도 한다. 여행을 다니면 늘 카드에 편지를 쓴다. 대개 머물렀던 에어비앤비 숙소의 주인이나 정말 맛있게 먹은 식당 혹은 카페 사장님께. 또는 언젠가 또 볼 수도 있겠지만 아마 한 번 보고 헤어질 사람들. 그럴 땐 너무 무거운 편지지보다 적당한 크기의 카드가 좋다. 기회가 되면, 상황이 되면 꼭 다시 보자는 말을 적고 건강하라는 인사로 마무리한다. 카드에는 어쩐지 아기자기한 진심만 골라 담게 된다. 그 사람 생각에 손에 힘이 많이 들어가 글자들이 점점 삐뚤빼뚤해진다.‡능소화‡

뜻

1̄ [명사] 그림이나 장식이 인쇄된 우편물의 일종. 간단한 내용을 적어 인사나 연락의 목적으로 쓴다.
2̄ [명사] 일정한 크기로 조그맣게 자른 두꺼운 종이나 플라스틱.

카메라

3월의 폭설이었다. 겨울의 피날레처럼 세상을 다 삼켜버릴 듯 눈이 내리는 오늘을 기록하고 싶어서 손에 카메라를 들고 호기롭게 나섰다. 신사역에서 압구정역까지 걸을 작정이었다. 눈은 바람에 휘날리고 바닥은 미끄러워 종종걸음으로 나아갔다. 찬바람이 카메라를 든 손의 장갑을 뚫고 들어왔다. 그때 카메라에서 드르륵 소리가 나며 렌즈가 닫혔다. 자동으로 전원이 꺼져버렸다. 물건에 애착이 생기면 이름을 부르며 말을 걸게 된다. 내 카메라의 애칭은 키스였다. 키스, 잠들면 안 돼. 꽝꽝 얼어버린 키스를 서둘러 코트 안쪽으로 넣고 품에 안았다. 가로수길을 바삐 걸으며 오늘 나의 모험을 후회했다. 키스, 죽지 마. 거의 울고 싶은 마음이었다. 지하철 안에서 키스는 스르륵 눈을 떴다. 품 안의 기척을 느끼며 비로소 안

도했다. 비록 그날의 겨울 풍경은 담지 못했지만, 키스와 함께 봄, 여름, 가을을 살았다. 함께 비행기를 타고 여름 나라도 여행했다. 세상에는 새롭고 감탄할 것들이 가득했고 키스와 그것을 기록하는 일이 즐거웠다. 그러나 겨울이면 되도록 키스는 집에 남았다.‡유실‡

뜻
[명사] 영화나 영상 따위를 찍는 기계.

캔

넌 나와 헤어질 때마다 편의점을 찾았지. 뜨거운 캔 커피를 주며 조심히 들어가라고 했다. 그 캔을 쥐고 나는 버스를 두 번 갈아타야 하는 집까지 무작정 걸었다. 그 시절엔 그랬다. 집이 너무 싫었어. 유난히 추웠던 그해 겨울엔 걷다 보면 이대로 내가 부서져서 가루가 되진 않을까 생각했다. 온몸이 꽁꽁 얼어서 싫다는 말만 생각했다. 그냥 다 싫었다. 살아 있다는 사실 자체가. 그러나 캔은 내 마음과 상관없이 뜨거웠다. 나는 그게 너무 슬펐다. 그게 너무 힘들었어. 혹시 네가 날 좋아하는 거 아닐까. 내가 어떤 사람인지 넌 모를 텐데. 하지만 그 마음을 너무나 믿고 싶어서. 주머니 속에서 캔은 서서히 온기를 잃어갔다. 아무리 아끼려고 해도 온기를 나의 의지로는 아낄 수 없었다. ‡윤초롬‡

뜻
[명사] **양철 따위로 만든 통.**

케이크

1.

주변에는 겨울에 태어난 사람이 많고, 나 또한 겨울이 생일이라 케이크 구경을 많이 한다. 특히 크리스마스에는 꼭 주문한 케이크를 찾아 먹는다. 누구와 있든 상관없이 겨울에는 많은 케이크와 우정을 나눈다. 그동안 여러 자리를 축하하기 위해서, 모여들기 위해서 준비한 케이크 사진만 모아 책으로 만들고 싶다. 각각 케이크마다 어떤 사연이 있으리라 생각하며, 케이크에 꽂힌 초의 개수는 무슨 의미였으며, 케이크 위에 올라가 있던 장식들, 케이크를 자를 때 보이는 단면은 무슨 맛이었는지 기억할 수 있는 책이라면 더더욱. 케이크 앞에서 슬픈 기억은 잠시 잊고, 따뜻하고 단란했던 시간만 생각날 수 있도록. 마음속으로 『케이크 수첩』이라는 책을 만들고 있다. 사람들이 많이 찾는 레터링 케이크 같은 것도 좋지만, 나는 홀로 굳건히 긴 시간 영업을 해온 동네 빵집 스타일의 케이크를 더 선호한다. 큼직한 둘레, 넉넉한 크림 장식, 조금 촌스러워서 웃음이 나는 레터링이나 장식들에 마음이 간다. 미끄러운 겨울 골목을 지나 세상에서 가장 위태로운 케이크 운반자가 되는 날들도 케이크와 얽힌 이야기가 된다. 장갑 낀 손으로 케이크 상자 손잡이에 꽉 끼는 풍경의 아스라함은 겨울이 주는 미묘한 완성이다. 케이크를 자르는 사람, 폭죽을 챙기는 사람, 고깔모자를 권하는 사람, 배부르다면서 케이크까지 다 먹는 사람. 케이크 앞에서 모두 다른 사람들이지만 우리는 어쩐지 하나의 표정을 가른 얼굴을 하고 있다.‡넝쿨‡

2.

밤사이 내린 눈 위를 살금살금 걸었다. 보폭을 넓게 하여 내가 뻗을 수 있는 최대한의 마음으로 눈을 사랑해주었다. 바람조차 사치였던 시간에는 아주 조그맣고 낮게 걸었다. 각설탕 부서지는 소리처럼 내 희미한 발자국만이 눈 위에 부스스 내려앉았다. 막연하기만 한 모양과 마음이었다.

　잠시 지난 삶을 돌이켜 보았을 땐 달고 축축한 일들이 많아 빠르게 사라져가는 시간들이 많았다. 늘 그런 기억들을 아쉬워했고, 집으로 돌아가는 순간마다 담장에 핀 장미들과 눈인사하며 그렇게 퇴색한 순간들을 울컥 곱씹기도 했다.

　케이크를 다 먹어갈 때쯤 석양을 바라보는 마음으로 케이크 위의 체리를 바라보았다. 토마토나 포도의 완전한 둥긂이 아닌 어정쩡한 굴곡. 수직으로 뻗은 꼭지가 단단하고 올곧기 위해선 어느 정도의 디딤과 파임이 필요했을 것이다.‡능소화‡

뜻

[명사] 밀가루, 달걀, 버터, 우유, 설탕 따위를 주원료로 하여 오븐 따위에 구운 서양 음식.

코트

코트는 유령이다. 코트는 뮤지컬이다. 코트는 코제트다. 코트는 계급이다. 코트는 사물함에서 얌전하다. 코트는 고양이 털이다. 코트는 그림자다. 낡은 코트엔 지난날의 그림자가 스며있다. 코트는 무의식이다. 나는 제과점을 지나고 창가의 고양이는 존다. 냄새는 계급이다. 코트는 혁명이다. 밀담이다. 로얄석엔 코제트가 앉아 있다. 가난은 분위기를 만든다. 나는 어느 장면부터 유령이 출몰했는지 모른다. 호텔을 모른다. 캐럴 제목을 모른다. 나는 코트를 입고 청춘과 사랑 같은 것을 생각한다. 집으로 돌아갈 차비가 없어도 캐럴은 계속된다. 텅 빈 마음이 계속되고 이야기가 계속되고 눈보라가 계속된다. 빗자루를 든 코제트는 낡은 코트를 입고 겨울의 모든 것을 쓸어버린다. ‡정우신‡

[명사] 추위나 눈비 따위를 막기 위하여 옷 위에 덧입는 겉옷.

타닥타닥◇택시◇털실◇퇴근

타닥타닥

잠들기 전에 가장 듣고 싶은 ASMR은 모닥불 타는 소리다. 비가 내리는 소리, 풀벌레 우는 소리, 바람에 나뭇잎 부딪는 소리를 모두 제치고 모닥불 타는 소리가 제일 듣고 싶은 것은 실제로 수면에 효과가 좋기도 하고 다른 소리에 비해 온기가 상상이 되는 소리이기 때문이다. 타닥타닥. 한때는 나무 심지를 가진 향초를 좋아했다. 그것에도 엇비슷한 소리가 나기 때문이었고, 어디선가 모닥불 피울 일이 생기면 가장 앞에 앉아 그 소리를 오랫동안 들었다. 지금 내가 듣는 소리는, 언젠가 내가 들어온 모든 소리의 합주처럼 느껴진다. 타오르는 나무들의 질감을 떠올리며, 타오르며 번지는 불티를 상상하면서. 생각해보니 이제 집에는 불이 없다. 가스레인지는 인덕션으로 대체되었고, 담배는 전자담배로 대체되어 라이터 쓸 일이 없다. 집에는 고양이가 있어 향초 같은 것을 피운 지 오래되었고, 그러니까 집에 불이 없어서 타들어가는 소리는 들을 수가 없게 되었다. 인공지능 스피커에게 모닥불 타는 소리를 부탁하고는, 집 곳곳에서 무언가 타들어가는 소리 속에 편안한 잠을 잔다는 것이, 나를 속이는 속임수 같지만 원래 불꽃이 지닌 가장 아름다운 속성은 속임수다. 허깨비 같은 불 속에서 따뜻함을 착각하는 것은 겨울을 견디는 가장 보편적인 방식. 타닥타닥.‡넝쿨‡

뜻
[부사] 콩깍지나 장작 따위가 타면서 가볍게 자꾸 튀는 소리. 또는 그 모양.

택시

어느 겨울에는 택시를 정말 많이 탔다. 갑작스러운 폭설로 택시가 잡히지 않던 날, 30분을 헤메다 겨우 잡은 택시에 탔다. 교통정보 라디오가 쉴 새 없이 흘러나오고, 창밖에는 발을 동동 구르며 택시를 기다리는 사람들로 붐볐다. 연말이라 사람 많은 것 좀 보세요. 택시 기사는 전방을 주시하다가도 소란해지는 풍경을 견주어보며 말했다. 뒷좌석은 열 시트로 되어 있어 택시 잡느라 혼비백산이었던 몸을 녹이는 데 좋았다. 중얼거리는 정도로만 볼륨을 키워놓은 라디오. 짙은 갈색을 닮은 누군가의 목소리로 발라드가 흘러나올 때, 이 택시가 멈추지 않기를 바란다. 집에 도착하지 않았으면 하고 바라는 그 짧은 순간에 창밖으로 거대한 트리 장식이, 손을 잡고 걸어가는 연인들이, 두툼한 옷을 껴입고 버스에 서서 가는 사람들이, 가로등마다 쏟아지는 눈발들이 비쳤다. 그러다 가끔 빛 많은 곳을 지나면 차창으로 보이는 내 얼굴.‡넝쿨‡

뜻
[명사] 요금을 받고 손님이 원하는 곳까지 태워다주는 영업용 승용차.

털실

뜨개인 중에는 털실을 모으는 것에 더욱 즐거움을 느끼는 이들이 있다. 비록 사는 털실의 양에 비해 완성하는 편물의 수가 현저하게 적을지언정 이들이야말로 뜨개질의 정수를 꿰뚫고 있다고 할 수 있다. 당신의 책장에 읽지 않은 책들이 가득하여도 서점에 나가서 새로운 책을 사는 것과 같은 이치다. 진정한 향유자는 아무런 강박 없이 그것을 곁에 두는 자다. 가까이 있는 것만으로도 다 알 것 같은 그 마음을 소중히 간직하는 사람. 당신이 물성으로 아름다운 책을 수집하는 것처럼 그들은 작은 눈뭉치 같은 보드라운 털실 타래를 손에 쥐고 그 아름다움에 무한한 찬사를 보낸다. 털실은 행복의 원재료처럼, 그것이 만들어낼 미지의 편물을 그저 상상하는 것만으로도 충분한 기쁨을 준다. ‡유실‡

뜻
[명사] 짐승의 털이나 인조털로 만든 실.

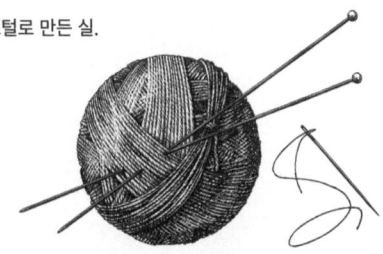

퇴근

해가 점점 짧아질 때마다 아쉽다. 사위가 금방 어두워진다. 여름을 떠나 얼마 지났다고 벌써 이렇게 어두워지는 걸까. 여름이 좋았던 이유는 해가 길어서 퇴근해도 아직 하루가 끝나지 않고 싱싱한 기운이 돌아 기분이 좋았기 때문인데. 요즘엔 퇴근하면 6시가 조금 넘었을 뿐인데 하루가 다 끝난 기분이 든다. 인생 종결된 느낌……까진 아니었고 그냥 조금 헛헛한 상태. 연말연시 약속을 제외하면 곧장 집으로 들어가게 된다. 거리는 더욱 북적거린다. 입는 옷이 두꺼워진 만큼 풍경을 나누는 윤곽이 더 넓어져서 그럴까? 지하철이나 버스만 타도 같은 인원이라면 여름에는 남았을 간격이 겨울에는 한껏 좁아진다. 겨울은 사람들을 더욱 단단히 뭉친다. 그래서 사람들도 눈 뭉치를 발명할 수 있었을지도 모른다. 자연스러운 가르침이다. 곳곳에 슬슬 캐럴도 들리고 연말이 다가올수록 사람들은 평소보다 더 많은 인원과 함께 끈끈히 모인다. 가까이 모여 있는 모습을 볼 때마다 느낀다. 우리는 지금 잘 흩어지기 위한 연습을 하는 중이라고. 모여 있는 사람들은 곧 헤어질 사람들. 헤어지기 위해 더 부드러운 팔짱과 손짓을 개발하는 중이다. 해가 점점 짧아지는 퇴근은 내게 도리어 밝고 경쾌한 이별을 가르쳐준다. 가끔은 오후 4시의 낙조를 입고 코트 자락을 휘날리며 먼저 기다리고 있는 친구를 만나러 간다. 안녕, 오늘은 좀 일찍 나왔어. 넌 여전히 그대로구나. 만났을 때나, 헤어졌을 때나.‡낙서‡

뜻
[명사] 일터에서 근무를 마치고 돌아가거나 돌아옴.

파마 ◇ 펜팔 ◇ 포슬눈 ◇ 포옹 ◇ 폭닥하다
폭설 ◇ 푹하다

파마

새 겨울을 맞는 기념으로 기분 전환하기 위해 파마를 했던 적이 있다. 머리카락이 구불구불해지면 괜히 기분이 좋아지는 건 왜일까. 평소 올곧게 뻗어 있는 머리카락이 다소 정직하고 지루하게 보였던 걸까. 드라이를 열심히 하면 나름대로 멋진 스타일링을 해볼 수도 있겠지만, 아침마다 머리를 만질 여유 없이 바쁘게 나가야 하는 내 게으름을 탓해야겠지. 아무래도 한 번 파마를 해두면 몇 달 동안 편하게 지낼 수 있으니까. 저녁 일찍 예약한 미용실에 들어갔다. 파마하신다고요. 네. 머리 어떻게 해드릴까요? 그냥 빠글빠글 볶아주세요. 따로 보신 사진 없으시고요? 네, 그냥 빠글빠글…….

남자가 파마하면 좋아하는 사람이 생겼다는 말은 아마도 비교적 미용에 관심이 없고 투박한 태도를 보이는 성향에 근거해 태어난 듯하다. 이 말이 예전부터 일상에서 정설처럼 돈다는 것도 오랜만에 모임에서 만난 친구가 말해줘서 처음 알게 되었다. 머리를 달달 볶은 나를 보고 친구가 좋아하는 사람이 생겼냐 물으면서도 머리가 잘 어울린다고 칭찬해주었다. 나는 아무도 좋아하는 사람이 없었고 단지 그 물음이 왠지 모를 쑥스러움으로 다가와 갈퀴손으로 머리를 쓸어 넘길 뿐이었다. 머리가 하도 세게 볶아져서 잘 펴지지도 않았지만.

집에 돌아가면서도 좋아하는 사람이 생기면 파마를 한다는 이야기를 계속 곱씹었다. 이 이야기가 마음에 들었고 괜히 기분이 더 좋아졌다. 누굴 좋아하는 건 설레지만 참 힘든 일이기도 해서 제대로 시작하기가 참 어려운데 이런 이야기에 기댄다면 좋아하는 사람이 금방 생길 것 같은 예감을 가져도 좋겠다. 마음도 달달 볶았던 어느 날의 이야기. 그리고 겨울이 끝나가고 봄이 찾아올 무렵, 파마가 거의 풀려갈 무렵, 거짓말처럼 좋아하는 사람이 눈앞에 나타났다는 이야기.‡낙서‡

뜻

[명사] 머리를 전열기나 화학 약품을 이용하여 구불구불하게 하거나 곧게 펴 그런 모양으로 오랫동안 지속되도록 만드는 일. 또는 그렇게 한 머리.

펜팔

기나긴 겨울방학은 펜팔로 버텼다. 아침에 일어나자마자 컴퓨터를 켜고 펜팔 사이트에 접속했다. 새로운 친구 신청 알림이 도착했을까 확인하고 이어서 개인 메일함을 확인했다. 'RE:' 표시라도 있으면 날뛰듯 기뻤다. 바로 읽지 않고 세수와 양치를 한 후 경건한 마음으로 읽었다. 덴마크의 놀이터, 헝가리의 빵집, 타이완의 학교. 전 세계에서 자신의 일상을 담은 사진을 영어로 된 긴 문장과 함께 보내주었다. 어정쩡한 구도로 찍은 사진의 프레임에 갇혀 그들의 걸음을 상상하는 게 좋았고 끝인사로 늘 'Take care'라고 일러주는 게 좋았다. 이메일로 친해진 몇몇 친구들과는 스네일 메일snail mail을 하기도 했다. 몇만 원짜리 소포를 지구 반대편으로 보내고, 한 달 걸려 받은 실물 편지를 내 손으로 여는 순간, 내가 모르는 다른 세계가 펼쳐진 듯했다. 정말 갖고 싶었던 어떤 세계에 대한 동경. 긴 방학이 끝남과 동시에 학기가 시작되면서 메일 주기는 점점 줄어들었지만 여전히 내 방 보물 상자에 그들의 한때가 빛을 머금고 잠들어 있다.‡능소화‡

뜻
[명사] 편지를 주고받으며 사귀는 일. 또는 그런 벗.

포슬눈

가벼이 흩날리는 눈은 얼핏 봄날의 꽃잎 같다. 공중을 부유하듯 천천히 하강하는 작고 흰 것을 보며 인간은 순해진다. 하늘을 향해 두 손을 펼쳐 보이며 온 마음으로 그것을 마중한다. 가로등 불빛에 비치는 눈을 하염없이 바라보고 있노라면 옛사랑 노랫말처럼 하얀 눈 하늘 높이 자꾸 올라가는 것 같다. 흥얼흥얼 결 좋은 노래를 부르면서 눈이 오는 이 순간을 축복으로 여긴다. 포슬눈이라는 귀여운 이름을 처음 붙인 사람은 누구였을까. 아마도 시인이었겠지. 아름다운 것을 오래 기억하기 위해 공들여 이름을 짓고 다시 만날 때마다 그렇게 불러줬을 것이다. 사람들도 그 이름이 좋아 따라 부르게 되었겠지. 포슬눈은 이내 함박눈을 불러오고 온 세상을 하얗게 덮는다. ‡유실‡

뜻

[명사] 가늘고 성기게 내리는 눈.

포옹

꼭 멀리 떠날 사람처럼 뜨겁게 포옹을 나누던 사람이 있었다. 한 번 안아보자, 이렇게 헤어지면 서운하잖아. 그런 말에 자석처럼 이끌려 서로에게 한 발자국씩 다가가는 시간은 퍽 어색하고 견딜 수가 없지만, 막상 포옹을 나누면 눈이 녹듯이 그 어색함은 사라진다. 포옹 안에서 품이라는 것, 체온이라는 것, 온기라는 것, 마음이라는 것. 평소에 자주 쓰는 말이지만 이것저것 엉겨 붙어 복잡했던 의미가 단숨에 초기화된다. 아쉬운 만큼 그 사람을 더 꽉 끌어 안아준다. 숨 막혀, 라고 말할 때까지. 포옹이 끝나고 우리는 헤어진다. 나는 마치 두 사람이었던 것처럼 품 안에 있었던 한 사람을 생각한다. 포옹은 나를 대가 없이 빌려주는 일처럼 느껴져서, 미안하거나 아쉬울 때마다 덥석 두 팔을 벌리고 서 있게 된다.‡넝쿨‡

뜻
ⅰ [명사] 사람을 또는 사람끼리 품에 껴안음.
ⅱ [명사] 남을 아량으로 너그럽게 품어 줌.

폭닥하다

어딜 가든 포근함이 감싸주는 계절이다. 두툼한 패딩도, 까슬한 스웨터도, 부드러운 양말까지 포근함으로 둘러싸인다. 그중에서도 가장 좋은 포근함은 역시 하얗고 폭닥폭닥한 이불이 주는 느낌. 치열한 하루를 보낸 지친 몸을 적당한 무게감으로 눌러주며 안정감을 주는 겨울 이불이야말로 이 계절이 선사하는 최고의 위로라고 생각한다. '포근함'보다 더 나를 꽉 안아주는 거 같은 '폭닥폭닥함.' 하루의 끝에서 폭닥한 이불에 안기는 이 기분은 마치 엄마가 나를 힘껏 꼭 끌어 안아주는 따뜻함과 비슷한 것 같아 몸도 마음도 스르르 녹아내린다. 어쩌면 나는 얼어붙은 마음을 녹여줄 사랑의 온기가 필요했을지도 모른다는 생각이 든다. '이번 주말에는 엄마한테 가서 철부지 어린애처럼 폭 안겨야지'라는 생각을 하며 까무룩 잠이 드는 겨울밤. 폭닥한 위로 덕분에 내일은 더 가벼운 마음으로 뭐든 시작할 수 있을 것 같은 용기를 얻는다. ‡조민지‡

뜻
[동사] '포근하다'의 경남 방언.

폭설

좀처럼 눈이 오지 않는 마을이 있었다. 십 년에 한 번쯤 폭설이 내리면 모두가 기꺼이 손을 놓았다. 버스가 끊기고 학교는 닫히고 텅 빈 도로를 멋대로 횡단하거나 운동장에 이름을 쓰고 한 아름 눈을 뭉쳐 던져도 세계에 눈이 줄지 않았다. 그 사실이 안도감을 주었다. 다음 날 눈을 뜨면 빛은 사라져 있고. 다시 영원토록 눈이 오지 않았다. 거기서 유년을 보낸 사람은 눈을 좋아하는 사람으로 자라기 쉬웠다. 바다가 없는 곳에서 자란 사람은 바다를 사랑하기 쉬운 것처럼. 단 한 번 있었던 흠 없는 상실. 피신하기 좋은 오래된 피안. 그것은 어쩌면 폭설이기보다 유년 그 자체였을까. 그때는 아직 많은 것을 알지 못했다. 눈을 보며 죽은 친구들을 생각하지 않아도 됐다. 그때로 돌아갈 수 없다는 것을 아는 사람은 다만 여전히 눈이 오기를 기다리고 있다. 언젠가 눈이 온다면 늦지 않게 알아볼 수 있기를 빌며. 그것이 또한 쉽지 않을 것임을 안다. 그는 눈을 사랑하므로 눈의 속성을 안다. 희뿌연 창밖을 텅 빈 눈으로 오래 응시해야 마침내 보일 것이다. 깊은 밤 잠에서 깨어 사랑하는 이의 숨을 확인할 때처럼 세상이 잠시 멈출 것이다. 들숨과 날숨의 미세한 파동이 셈해질 때 비로소 고요를 깨트리며 시간이 다시 흐를 것

이다. 살아 있구나. 눈이 오는구나. 그제야 눈이 흘러내리고. 하염없이 하염없이 흘러내리고. 우리는 그것을 거슬러 옛날로는 갈 수가 없다.‡목정원‡

뜻

[명사] 갑자기 많이 내리는 눈.

푹하다

어릴 적 자주 듣던 말이라서, 푹하다는 것이 사투리인 줄 알았다. 푹하다는 순우리말로 겨울답지 않게 따뜻한 날씨를 말하는 형용사다. 푹하다와 상반된 말로는 '득하다'가 있다. 득하다는 '날씨가 갑자기 추워지다'라는 뜻의 동사다. 겨울답지 않게 따뜻한 날을 푹한 날, 매서운 추위가 닥친 것을 두고 날이 득해졌다고 말할 수 있다.

따뜻하다는 말보다 푹하다가 더 잘 들어맞는 날이 있다. 목을 칭칭 감았던 목도리를 풀고 코트 앞섶을 열어 시원한 바람을 느낄 때. 한적한 오후의 공원 벤치에 기대앉아 쌓인 눈이 퐁퐁 녹는 소리를 들으며 이마에 아른거리는 겨울 햇살을 느낄 때. 날이 참 푹해서 온몸이 나른해지는 기분을 느끼다 그대로 푹 잠들기 좋은 날이다.‡유실‡

뜻
[형용사] 겨울 날씨가 퍽 따뜻하다. ↔득하다.

핫초코 미떼◇해리포터◇혹한◇화려하다
후후◇희다◇희망

핫초코 미떼

텔레비전을 보다가 익숙한 음악과 함께 겨울 배경인 광고가 흘러나온다. 아주 귀여운 아기가 아빠에게 동생을 하나 사달라고 울부짖는다. 아빠는 돈이 없다고 한다. 그러자 아기가 "엄마는 돈 많던데" 하며 울먹거린다. 그 말을 들은 아빠가 "그래~?" 하며 씨익 웃는다. 아기와 아빠는 발코니에 나란히 서서 핫초코를 마신다. 그다음 아기가 내뱉는 화룡점정 멘트. "아빠, 내가 일찍 잘까?" 당황하는 아빠. 아기 연기가 너무 일품이어서 겨울이 올 때마다 매번 생각나는, 내가 가장 좋아하는 버전의 '핫초코 미떼' 광고다. 요즘에는 텔레비전을 잘 보지 않아서 그런지 광고가 사라진 줄 알았는데 최근 버전도 있어 반가웠다. 어릴 적부터 다양한 버전의 핫초코 미떼 광고를 보면서 자라왔던 터라, 다양한 버전의 광고를 보지 않으면 아직 겨울이 오지 않았다고 생각한 것 같다. 브라운관 텔레비전에서 "뚱 뚱뚱 뚱뚱 뚱 뚱 뚱 뚱뚱뚱" 광고 음악이 흐르면 괜스레 마음이 편안해졌고, "찬 바람 불 때 핫초코 미떼"라는 대사가 흘러

나오면 엄마에게 핫초코를 사달라고 떼를 썼던 기억. 우유에 탄 핫초코를 휘저으면서 소파에 앉고, 거실 바닥에 닿지 않는 짧은 두 다리를 찰 때, 창밖에선 느린 속도로 떨어지는 함박눈들이 지상을 살피고 있었다. 올겨울, 나랑 핫초코 마시면서 이야기 나눌 사람? ‡낙서‡

🍫
[명사] 뜨거운 물이나 우유에 초콜릿이나 코코아 가루를 타서 만든 음료.

해리포터

〈러브레터〉와 함께 겨울이면 필수적으로 찾게 되는 것. 〈러브레터〉가 사운드트랙 중심으로 겨울을 버티게 했다면 해리포터는 영화 그 자체가 겨울의 기쁨이 된다. 가장 좋아하는 편은 단연코 첫 번째 시리즈인 〈해리포터와 마법사의 돌〉. 런던 거리의 화려함과 빈티지스러움이 가장 잘 드러나는 편이다. 살짝 빛바랜 모습도 좋고 풋풋한 그리핀도르 친구들(이렇게 쓰니 아침달 넝쿨, 능소화, 낙서 같기도 하네요?)을 챙겨 보는 재미도 있다. 호그와트로 향하는 기차에서 초콜릿과 젤리를 까 먹는 장면과 다 함께 호그와트 강당에 모여 저녁 만찬을 즐기는 장면을 볼 땐 초콜릿과 과자, 각종 군것질거리를 접시에 가득 담아 그들과 함께

즐긴다. 그러고 보니, 겨울은 '보낸다'라기 보단 '즐긴다'라는 표현이 더 맞을 수도 있겠다. 그리고 어느 순간부터 겨울을 잘 즐길 수 있는 여러 행동들을 골라 하고 있다. 그중 빠지지 않는 케이크 먹으며 해리포터 챙겨보기. 내가 좋아하는 것이 무엇이었는지, 내가 좋아하는 시간이 어디에 있다 온 건지, 겨울은 그 모든 것을 차갑고도 따뜻하게, 무심하고도 세심하게 내게 알려준다.‡능소화‡

🌷
[명사] J. K. 롤링의 동명 소설을 원작으로 한 영국, 미국의 영화 시리즈.

혹한

내가 내 자신의 적이 될 때가 있다.

마음이 모자라고 가난할 때마다 느끼는 기분. 그럴 때 혹한이 찾아왔다고 표현한다. 비유가 없으면 살 수가 없다. 설명하기 어려운 것을 보여주고, 흐릿한 것을 기꺼이 선명하게 열어주는 비유들은 어려운 마음의 한 시절 제목이 되어주기도 한다.

일기장 귀퉁이에 '혹한기가 찾아왔다'라고 시작하는 이야기들은, 모두 어떤 추위를 느꼈을까. 그것은 단순히 외로움이나 두려움 같은 것이 아니다. 평소보다 더 어두운 하늘 아래 무언가 늦어졌다고 생각하는 일. 사람들과 떨어져 있는 자리가 유독 더 멀고 아득하게 느껴지는 일. 내일이 오지 않았으면 하고 바라는 일. 세상 모든 계단이 더 가파르게 느껴지는 일. 넘어지지 않으려고 잡은 난간마저 차가운 일. 고립을 자처하게 되는 일. 존재를 희미하게 두는 일. 나를 나무라는 일. 나를 너무 쉽게 용서하는 일. ‡넝쿨‡

뜻

[명사] 몹시 심한 추위.

화려하다

겨울에는 두 가지 얼굴이 있다. 차가우리만큼 고요하고 적막해 앙상한 풍경과 반짝이는 오너먼트가 주렁주렁 달린 트리가 있는 시끌벅적한 풍경. 사람 많은곳을 잘 다니지 않지만 겨울 만큼은 빛과 소음, 부대낌이 있는 화려한 거리를 거닐고 싶어진다. 그 안에서 펼쳐지는 오늘 처음 만난 사람들의 시각적 서사를 내 마음대로 상상하는 게 좋다. 정말이지 연말이 되면 이유들이 저마다 하나씩 화려해진다. 집 근처 헬스장에 없던 트리가 생기고 아파트 단지에 새해 맞이 현수막이 걸리고 발라드만 나오던 커피숍에 캐럴이 흐르고 각종 선물 상자가 거리의 진열대에 수북이 쌓여 있으니까. 웃음으로, 눈물로, 포옹으로, 감사로, 고백으로. 겨울엔 한껏 유난이어도 된다. ‡능소화‡

뜻
[형용사] 환하게 빛나며 곱고 아름답다.

후후

입김만 있으면 돼. 무언가가 아주 뜨거워 만질 수 없을 때. 얼른 식혀주고 싶어서 입을 동그랗게 오므리는 모양만 있으면 돼. 웅크리고 있는 당신의 몸을 이 찻잔으로 녹여줄 수 있다면. 나의 입김은 언제든 공중에서 부서져도 좋아. 전부 닿지 않아도 돼. 내 마음 몰라주어도 돼. 뜨거우니까 천천히 먹어, 이런 말도 배울 수 있는 계절이 좋아. 부러 안간힘을 쓰지 않아도 되는 속도가 좋아. 추우면 자꾸 뜨거운 것만 찾게 되니까 식히는 시간까지 사랑인 게 좋아. 가장 낮은 자리에 있는 숨결이어도 돼. 멀리 있어 볼 수 없는 흐린 기억이어도 돼. 이제 더는 당신이 그곳에서 나오지 않아도 돼. 나를 찾지 않아도 돼. 입김만 있으면 돼. 입김으로 찾아갈게. 적당히 쥘 수 있는 따뜻함이 되어볼게. ‡낙서‡

뜻

1 [부사] 입을 동글게 오므려 내밀고 입김을 많이 자꾸 내뿜는 소리. 또는 그 모양.
2 [부사] 온정을 베푸는 모양.

희다

아침에 창문을 열었다. 지붕에 눈이 쌓여 있었다. 내 집은 눈이 오지 않는 곳. 보기 드문 풍경이었다. 희다. 냉장고를 열어 찬거리를 찾는다. 신선칸에서 채소를 꺼내다 까만 봉지를 발견했다. 그럴 리가 없는데? 내가 여기에 뭘 넣어놨지. 꺼냈을 때 무게감이 느껴졌다. 청란이 있었다. 청계가 낳는 계란을 '청란'이라 하지만 닭이 계절에 낳는 첫 알이라는 이야기도 있다. 그만큼 귀하다는 뜻. 그렇지만, 너무 오래되었다. 이대로 버려서는 안 된다는 마음, 어쩔 수 없다는 마음. 두 가지 마음이 여기 있다. 물끄러미 살펴본 표면은 푸르스름했지만, 그 빛깔이 곱고 깨끗했다. 희다. 나는 창밖을 바라보며, 지금이라면 괜찮겠다고 현관을 나선다.

   그런 마음이 있다. 너무 귀한 것을 받아버려서, 어쩌지 못하는 마음. 그런 것들은 대체로 희다. 어머니 이름의 마지막 글자는 '희'였다. 친척들은 팔 남매 중 막내인 어머니를 '희야' 이렇게 부르곤 했다. 어머니는 몇 년 전 12월 24일 돌아가셨다. 가끔 '희다'는 말이 들려오면, 나는 잠시 멈춰서서 그 자리를 본다.‡이수연‡

뜻

[형용사] 눈이나 우유의 빛깔과 같이 밝고 선명하다.

희망

작고 반짝이는 여러 개 중 하나. 손가락에 꼭 맞는 실반지처럼 잘 보이지 않아도, 소박한 약속처럼 힘주어 외치지 않아도 분명하게 내 안에 있는 하나. 내 몫의 희망은 그런 모습이다. 밤하늘의 촘촘히 빛나는 별들처럼 수많은 희망을 공평하게 하나씩 나눠 가질 수 있다면 그게 가장 멋진 삶이라고 아이에게도 가르쳐주고 싶다. 욕심은 덜어내고 부족한 것을 성실히 채우는 방식으로 이어가는 삶. 맨 위를 향해 치닫는 것보다 광장을 수놓는 촛불처럼 서로의 곁을 지키며 펼쳐지는 풍경, 더딜지언정 함께 더 멀리 가는 삶에 희망이 있다고. 착하게 살아야 한다고 나를 가르쳤던 어른들의 말씀을 의심하지 않고 살 수 있기를 내가 언제나 바라는 것처럼. 마지막까지 붙잡을 수 있는 희망 하나면 충분하다. ‡유실‡

뜻

[명사] 어떤 일을 이루거나 하기를 바람.